4e

A1/A2

¡Listos!

Espagnol

DIRECTION D'OUVRAGE

Ghislaine GEOFFRAY
Inspectrice, Académie de Grenoble

AUTRICES

Vanessa GENES
Collège René Long, Alby-sur-Chéran (74)

Nathalie GENOT
Cité scolaire Roger Frison-Roche, Chamonix (74)

Fatiha MERIMI
Collège République, Nanterre (92)

Ana María PALOMO DELFA
École internationale bilingue, Paris (75)

Raquel PALOMO DELFA
Master en philologie hispanique, Madrid

Marie-Luce PILOZ
Collège Rose Valland, Saint-Étienne-de-Saint-Geoirs (38)

Hatier

De nombreux enseignants ont donné leur avis sur la progression et les unités de LISTOS 4e. Cette démarche constructive nous a permis de faire évoluer notre approche et le projet pour qu'ils correspondent au mieux à vos pratiques et aux besoins de vos élèves.

Nous les remercions tous chaleureusement !

Conception graphique : Anne-Danielle Naname, Christine Masson
Mise en page : Christine Masson
Coordination et édition : Ana Pastor
Illustration : Aurélia Bertrand, Ad'Lynh, Nicolas Trève, Lupe Granité, Vincent Brascaglia
Iconographie : Véronique Foz, Hatier Illustration
Cartographie : Légendes cartographiques
Droits : Andréa Freire

 ISBN : 978-2-401-08578-7

Avant-propos

Avec le **manuel de 4e**, la collection **¡Listos!** se poursuit tout en offrant des particularités et des nouveautés qui, nous l'espérons, faciliteront votre vie dans la classe !

L'objectif de cette année de 4e est de **consolider les connaissances culturelles et linguistiques** déjà acquises par les élèves, en les enrichissant et en poursuivant les orientations du manuel de 5e : **documents authentiques**, approche communicative et démarche actionnelle.

Nous souhaitons continuer d'ancrer l'apprentissage de la langue dans la culture hispanique, en équilibrant connaissances de l'**Espagne** et de l'**Amérique latine** et poursuivre l'enseignement de la langue espagnole en contexte.

Comme les élèves de 4e ont déjà plus de maturité qu'en 5e, nous faisons le choix d'aborder les temps du passé, après avoir réactivé et rebrassé le présent, puis le futur, et introduit le passé composé par le biais de supports variés, accessibles et motivants pour nos élèves

La **différenciation** est un axe fort du manuel à travers des itinéraires différents d'accès au sens pour répondre à l'**hétérogénéité de nos classes** et aux attentes de l'école inclusive. Le questionnement proposé peut être très progressif pour les élèves les plus fragiles ou plus implicite pour les élèves les plus agiles afin de permettre à chacun de réussir à son rythme. Ce souhait de prendre en compte la diversité des élèves sera renforcé par des fiches d'étayage téléchargeables qui seront mises à disposition, laissant une pleine liberté aux enseignants s'ils veulent s'y référer.

Le choix a été fait de **réduire le nombre d'unités** en 4e pour s'adapter à la progression souhaitée à ce niveau et aux attendus de la classe de 4e (consolidation du niveau A1 et visée du niveau A2).

Chaque unité propose des **activités de réception** (page de droite) articulées à des **activités de production** (page de gauche). L'accent est mis sur les activités de compréhension de l'oral, exposant les élèves à un modèle linguistique authentique. Les **projets** de fin de séquence ont été conçus pour être attractifs, ludiques et répondre aux préoccupations actuelles des élèves tout en les ouvrant à l'**interculturalité**.

Une **problématique** jalonne chaque unité et place les élèves dans une dynamique de réflexion. Elle incite à s'interroger sur d'autres cultures et comprendre l'altérité. L'enseignant en s'y référant permet aux élèves de construire leur pensée et de donner du sens aux apprentissages.

La notion de plaisir et l'**aspect ludique** sont également un autre axe fort de la collection, davantage présents en 4e pour fixer les acquis. La grande nouveauté des deux premières unités est un ***maratón de repaso*** qui permet de réviser en prenant du plaisir. Les activités suggérées développent également l'esprit de **collaboration**, d'émulation et participent au processus de mémorisation. Le projet final de l'unité 6 prend la forme d'un ***escape game***, se déroulant dans l'Alhambra, riche en contenus culturels et linguistiques. Celui de l'unité 8 permet de réviser les acquis sous une forme plaisante et motivante grâce à un **jeu autour du patrimoine culturel**.

En vous souhaitant de prendre beaucoup de plaisir avec ce manuel !

Les autrices

Fiches jeux audios...

Comment y accéder ? Où les télécharger ?

Rendez-vous sur hatier-clic.fr !

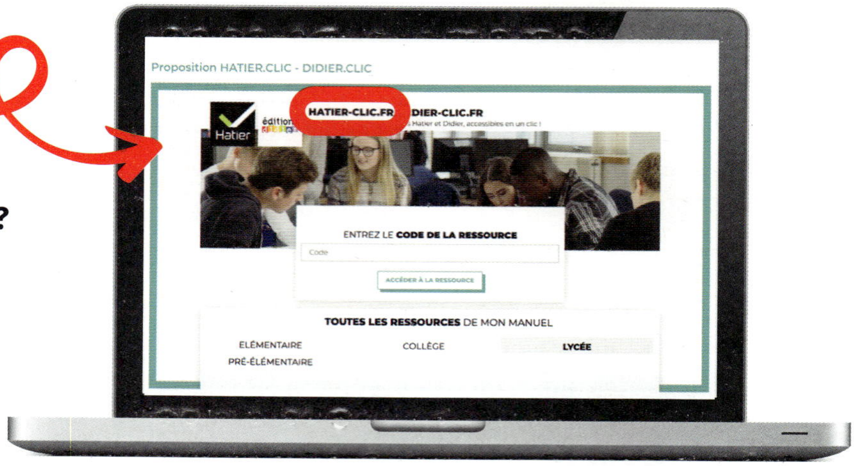

Comment ça marche ?

1 Dans le manuel, je repère le code de la ressource

2 Je me connecte au site hatier-clic.fr

3 J'entre le code de la ressource dans la barre en haut de page.

4 Je mets le site dans mes favoris pour pouvoir y revenir facilement.

Tu peux aussi accéder directement à toutes les ressources classées par chapitre à partir de cette adresse :

hatier-clic.fr/1672728

Tes ressources à télécharger gratuitement :

Unidad 1
Una vuelta por el mundo hispánico
- audios
- fiche différenciation
- fiches *Maratón de Repaso*
- exercices de grammaire modifiables et imprimables

Unidad 2
Dime cómo vives
- audios
- fiches *Maratón de Repaso*
- exercices de grammaire modifiables et imprimables

Unidad 3
¡Tod@s tenemos talento!
- audios
- carte mentale à compléter
- exercices de grammaire modifiables et imprimables

Unidad 4
Mi amigo, mi amor
- audios
- fiche différenciation
- carte mentale à compléter
- exercices de grammaire modifiables et imprimables

Unidad 5
¡Comprométete!
- audios
- fiche différenciation
- carte mentale à compléter
- exercices de grammaire modifiables et imprimables

Unidad 6
¡Detectives en acción!
- audios
- carte mentale à compléter
- exercices de grammaire modifiables et imprimables
- fiches et bande-annonce *Escape Game*

Unidad 7
¿Te acuerdas?
- audios
- fiche différenciation
- carte mentale à compléter
- exercices de grammaire modifiables et imprimables

Unidad 8
Rodeados de arte
- audios
- carte mentale à compléter
- exercices de grammaire modifiables et imprimables

Peut-on apprendre en s'amusant ?

Avec LISTOS, tu vas **réviser**, **apprendre** de nouvelles choses et t'**entraîner** sans même t'en apercevoir 😉.
Voici quelques exemples d'activités que tu trouveras dans ton manuel.

Les **Maratón de Repaso** des **unités 1** et **2** sont constitués de jeux à faire seul ou en petits groupes pour reprendre les bases que tu dois maîtriser en arrivant en 4e.
Le challenge est d'arriver à respecter le chrono tout en en réussissant l'étape !

Dernière unité de l'année, l'**unité 8** est l'occasion de faire un petit bilan de connaissances un peu particulier : le **Juego de la cultura hispánica** vous permettra, en groupe, de reprendre tout ce que vous avez vu !
Qui gagnera le plus de points ?

Ta mission : débusquer le voleur d'un précieux *azulejo* du palais de l'Alhambra à Grenade. Tu vas résoudre des énigmes grâce à tes capacités d'écoute, de compréhension et à tes capacités pour travailler en équipe ! Rendez-vous à l'**unité 6** !

Quels sont les outils pour t'aider?

De memoria

Apprendre par cœur fait partie de l'apprentissage des langues. Ici, un proverbe, un petit poème t'aideront à **retenir une structure, une formule ou même un son.**

Mi gramática

En bas de chaque page leçon, tu trouveras le point de grammaire issu du document étudié. Un exemple accompagné d'une petite activité te permettra de **t'exercer tout de suite**. Ce point est ensuite développé dans les pages **Lengua**.

Exprésate

C'est ta « boite à outils » pour **t'exprimer à l'oral ou à l'écrit**. Ces mots-béquilles peuvent aussi te donner des idées de réponses !

Comprende

Nous te donnons les mots qui peuvent bloquer ta compréhension. N'oublie pas que tu n'as pas à connaître chaque mot pour **comprendre une vidéo ou un document audio** ou même un texte !

➕ à la fin de ton manuel

NOS CONSEILS

pour :
- Comprendre un document audio ou vidéo
- Comprendre un texte
- Commenter un support iconographique
- S'exprimer à l'oral

Pages 112 à 115, retrouve, de manière synthétique, les démarches à suivre illustrées par des **exemples concrets**.

Unidad 1

Una vuelta por el mundo hispanico

El mundo hispánico: ¿un mosaico cultural?

- Comprendre une présentation simple ou une description physique.
- Présenter et décrire simplement quelqu'un.
- Échanger avec une ou plusieurs personnes sur leurs origines.
- Écrire un petit texte ou un poème court décrivant des personnes.

p. 10-23

PROYECTOS p. 23

INDIVIDUAL Creo una tarjeta para participar en un *Memory*.

EN PAREJAS Realizamos un vídeo para el «Día del respeto a la diversidad».

- **Hispanos, pero diferentes** p. 12
- **Muchas naciones, el mismo idioma** p. 13
- **¿Nos parecemos?** p. 14
- **Formamos un arco iris** p. 15

Pédagogie différenciée

- **Somos hermanos** Doc B p. 14

Grammaire p. 20-21

- Le présent (verbes réguliers)
- Le présent (verbes irréguliers)
- La phrase interrogative
- *Ser* et *estar*

Phonétique p. 21

- Pronuncio la c + e/i y la z

¡ENTRÉNATE! p. 22

Unidad 2

Dime cómo vives

¿Vivimos todos del mismo modo?

- Comprendre quelqu'un qui parle d'activités quotidiennes et de loisirs.
- Comparer les rythmes quotidiens dans différents pays.
- Lire et comprendre un texte court sur les tenues vestimentaires et les habitudes alimentaires.
- Écrire un texte court pour décrire mes habitudes et mes loisirs.

p. 24-37

PROYECTOS p. 37

INDIVIDUAL Grabo un vídeo para explicar mis rutinas a mi correspondiente.

EN PAREJAS Hacemos una presentación sobre los hábitos cotodianos en un país hispano.

- **Cada uno a su ritmo** p. 26
- **Pasándolo bien** p. 27
- **Vestidos para la ocasión** p. 28
- **Estilos de vida hispanos** p. 29

Pédagogie différenciée

- **La ropa de los jóvenes mexicanos** Doc A p. 28

Grammaire p. 34-35

- Les verbes à diphtongue
- La forme progressive
- *Vestir* : verbe à alternance
- *Soler*

Phonétique p. 35

- Pronuncio las vocales españolas (u y e)

¡ENTRÉNATE! p. 36

Unidad 3

¡Tod@s tenemos talento!

Un talento: ¿una forma de expresarse y superarse?

p. 38-49

- → Comprendre des phrases simples portant sur les talents.
- → Exprimer mes goûts.
- → Comprendre un énoncé court portant sur des événements futurs.
- → Produire un message court au futur.

PROYECTOS p. 49

INDIVIDUAL — Presento mi candidatura a un concurso de talentos.

EN GRUPO — Creamos y jugamos a nuestro quizz «Tod@s tenemos talento».

- **¡Tú también tienes un talento!** p. 40
- **¿Qué te gusta a ti?** p. 41
- **¡Todos se superarán!** p. 42
- **Grandes retos** p. 43

Pédagogie différenciée

- **Tengo un talento musical** Doc A p. 40

Grammaire p. 46-47
- *Gustar, encantar* (construction)
- *Gustar, encantar* (la formule d'insistance)
- Le futur (verbes réguliers)
- Le futur (verbes irréguliers)

Phonétique p. 47
- Pronuncio la s

Vocabulaire p. 45

¡A JUGAR! p. 44

MÚSICA p. 44

¡ENTRÉNATE! p. 48

Unidad 4

Mi amigo, mi amor

El amor y la amistad: ¿sentimientos profundos?

p. 50-61

- → Comprendre une courte vidéo sur un thème connu.
- → Comprendre un texte court sur l'amour et l'amitié.
- → Parler simplement d'une relation amicale.
- → Écrire un message court pour exprimer des souhaits sur un thème familier.

PROYECTOS p. 61

EN GRUPO — Participamos en un programa de radio sobre la amistad.

INDIVIDUAL — Creo un cartel para el día de la amistad y el amor.

- **A buen amigo, buen abrigo** p. 52
- **Quiero que me quieras** p. 53
- **Nos relacionamos** p. 54
- **Amar es compartir** p. 55

Pédagogie différenciée

- **Un amigo, un tesoro** Doc B p. 52

Grammaire p. 58-59
- Le subjonctif (verbes réguliers)
- Le subjontif (verbes irréguliers)
- *Querer que / gustar que* + subjonctif
- Exprimer le but (*para que* + subjonctif)

Phonétique p. 59
- Pronuncio la ñ

Vocabulaire p. 57

¡A JUGAR! p. 56

MÚSICA p. 56

¡ENTRÉNATE! p. 60

Unidad 5

¡Comprométete!

Salvar el planeta, ¿un problema de todos?

- → Saisir l'essentiel d'annonces et de messages clairs sur mon environnement proche.
- → Comprendre et énoncer des messages courts.
- → Comprendre les points importants d'un texte sur la défense des animaux.
- → Écrire un texte sur un sujet actuel.
- → Faire une présentation claire sur un sujet familier.

p. 62-73

PROYECTOS p. 73

INDIVIDUAL Invento un superhéroe o una superheroína ecologista.
EN GRUPO Grabamos un vídeo para una campaña de concienciación.

- La generación del cambio p. 64
- Defendamos nuestro planeta p. 65
- Salvemos a las tortugas p. 66
- No des la espalda al planeta p. 67

Pédagogie différenciée
- Tenemos que unirnos Doc A p. 64

Grammaire p. 70-71
- L'obligation
- L'impératif (verbes réguliers)
- L'ordre négatif (la défense)
- L'impératif (verbes irréguliers)

Phonétique p. 71
- Pronuncio la j y la g + e/i

Vocabulaire p. 69

¡A JUGAR! p. 68
TEATRO p. 68
¡ENTRÉNATE! p. 72

Unidad 6

¡Detectives en acción!

¿En equipo avanzamos mejor?

- → Comprendre l'essentiel d'une vidéo simple et courte parlant d'une enquête.
- → Comprendre un court article de presse au passé.

p. 74 - 85

PROYECTO p. 80-85

EN GRUPO ESCAPE GAME UN ROBO MISTERIOSO EN LA ALHAMBRA

- ¿Qué ha pasado? p. 76
- Casos para resolver p. 76
- Han resuelto el enigma p. 77

Pédagogie différenciée
- Detectives por unas horas Doc A p. 76

Grammaire p. 78
- Le passé composé (verbes réguliers)
- Le passé composé (verbes irréguliers)

Phonétique p. 78
- Pronuncio la ll

Vocabulaire p. 79

ANNEXES

NOS CONSEILS
- Comprendre un document oral p. 112
- Comprendre un document écrit p. 113
- Commenter un support iconographique p. 114
- S'exprimer à l'oral p. 115

¡PRACTICA!
- Banque d'exercices grammaticaux p. 116-119

Unidad 7

¿Te acuerdas?

¿Los recuerdos son importantes en tu vida?

p. 86-97

→ Comprendre un discours sur l'enfance et les souvenirs.

→ Parler de souvenirs.

→ Comprendre un texte sur des souvenirs.

→ Écrire un texte court sur l'enfance.

PROYECTOS p. 97

EN PAREJAS Entrevisto a un(a) compañero(a) sobre su infancia.

INDIVIDUAL Escribo mi mejor recuerdo de cuando era niño(a).

- Cosas de niños p. 88
- Cuando los mayores eran pequeños p. 89
- ¿Lo recuerdas? p. 90
- Hace muchos años p. 91

Pédagogie différenciée

- De pequeño creía que... Doc A p. 88
- La bola de cristal Doc A p. 90

Grammaire p. 94-95

- L'imparfait (verbes réguliers)
- L'imparfait (verbes irréguliers)
- Les pronoms personnels (complément d'objet direct)
- Les marqueurs de temps

Phonétique p. 95

- Pronuncio la ere (suave) y la erre (fuerte)

Vocabulaire p. 93

¡A JUGAR! p. 92

TEATRO p. 92

¡ENTRÉNATE! p. 96

Unidad 8

Rodeados de arte

¿Toda obra es arte?

p. 98-111

→ Comprendre un audio court sur un artiste et son œuvre.

→ Présenter une œuvre d'art et son auteur.

→ Comprendre un article de presse au passé.

→ Écrire un texte au passé.

PROYECTO p. 109-111

EN GRUPO

El Juego de la cultura hispánica

- ¿Queridos animales p. 100
- Muchas fuentes de inspiración p. 101
- Herederos de otros tiempos p. 102
- Recordar el pasado p. 103

Pédagogie différenciée

- La gamba gigante de Barcelona Doc A p. 100

Grammaire p. 106-107

- Le passé simple (verbes réguliers)
- Le passé simple: *ser* et *hacer*
- Le passé simple et l'imparfait
- *querer* et *tener* (verbes irréguliers)

Phonétique p. 107

- Pronuncio la ch

Vocabulaire p. 105

¡A JUGAR! p. 104

POESÍA p. 104

¡ENTRÉNATE! p. 108

CONJUGACIONES

- Tableaux de conjugaisons p. 120-121

FIESTAS

- La Fiesta de la Flores p. 122-123
- Las Fallas p. 124-125

PLANCHES LEXICALES ILLUSTRÉES

- En la peluquería p. 126
- En la ciudad p. 127

Unidad 1

Una vuelta por el mund

El mundo hispánico: ¿un mosaico cultural?

Je serai capable de...

- comprendre une présentation simple ou une description physique.
- présenter et décrire simplement quelqu'un.
- échanger avec une ou plusieurs personnes sur leurs origines.
- écrire un petit texte ou un poème court décrivant des personnes.

PROYECTOS FINALES

INDIVIDUAL
Creo una tarjeta para participar en un *Memory*.

EN PAREJAS
Realizamos un vídeo para el «Día del respeto a la diversidad».

P. 16-19

Vidéo
hatier-clic.fr/22lis4100

CNTV: Mestizaje InvestigAmigos, 2018

¿De dónde viene la familia del chico?

Comprende

- una mezcla: *un mélange*
- mapuche: *peuple indigène originaire d'Argentine et du Chili*
- los rasgos físicos: *les caractéristiques physiques*

Nerina Canzi (pintora argentina), Resistencia y memoria, 2016

o hispánico

Comprensión auditiva

Hispanos, pero diferentes

A Cosas sobre mí

VIDEO PROF. 1.1

Daniel Illescas, 2019

Comprende

- nací: *je suis né*
- soltero: *célibataire*
- me escapo: *je m'échappe*
- no hay nada como: *il n'y a rien de tel que*
- el caldo: *le bouillon*
- la yaya: *la abuela*
- modelo: *mannequin*

Exprésate

- gustar ❤
- encantar ❤❤

1. Completa la presentación del chico: Se llama ... . Nació el ... . Está ... . Vive en ... . Le encanta ... . Trabaja de ... .
2. ¿Quién es Carmen para el chico? ¿Qué le prepara de comer? ¿Le gusta?
3. Siguiendo el modelo del chico, preséntate tú (di tu nombre, tu edad, dónde vives y qué te encanta).

B Soy Sofía

VIDEO PROF. 1.2

Ventanas al mundo, 2020

Comprende

- mi seña: *mon signe (langage des signes)*
- recibo las clases: *j'ai cours*
- hago mis deberes: *je fais mes devoirs*
- trato de: *j'essaie de*

Exprésate

- ser sordo(a): *être sourd(e)*
- volver a + infinitif: *recommencer à*
- mientras que: *alors que*

1. Presenta a Sofía y di cuál es su particularidad.
2. ¿Con quién vive?
3. ¿Qué hace si no entiende bien los deberes?
4. Compara a los dos jóvenes (residencia, edad, particularidades...).

Mi gramática

p. 20

El presente (verbos regulares)
Vivo *en Barcelona.* ***Trabajo*** *de modelo.*

Conjuga los verbos.

a. Tú (viajar) ... cada vez que puedes.
b. Sofía y sus compañeros (estudiar) ... en la Escuela Santillán.
c. Vosotros (recibir) ... clases a distancia.

Expresión oral

Muchas naciones, el mismo idioma

C Una gran diversidad humana

Comprende

- mexicano(a)
- colombiano(a)
- argentino(a)
- boliviano(a)
- chileno(a)
- peruano(a)
- ecuatoriano(a)

¿LO SABES?
El español es la lengua oficial de 21 países.

Audio
hatier-clic.fr/22lis4101

1. Di qué ves en este documento.
2. Completa: Sofía es de Ecuador, es ... . Los habitantes de Cuba son ... . Haz dos frases siguiendo este modelo.
3. Escucha la canción y di qué adjetivos de nacionalidad oyes.

Exprésate

el norte

el oeste  el este

el sur

- la bandera
- el país/los países
- ser (+ nationalité)
- la cédula (AL) / el carné de identidad (Esp)
- nacer (yo nací, tú naciste, él/ella nació)

D Mi cédula de identidad

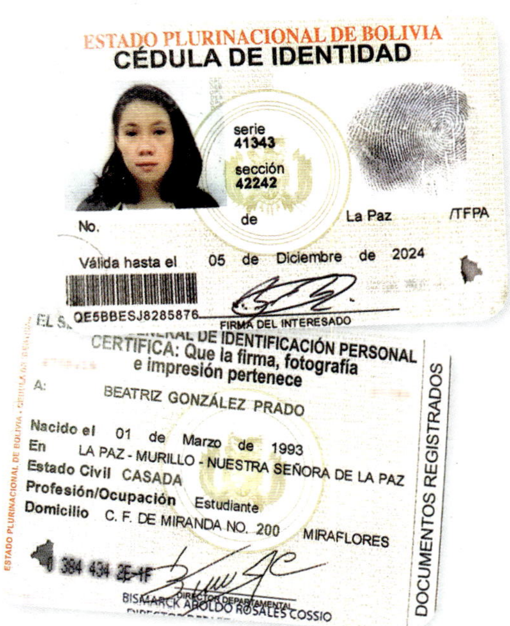
ESTADO PLURINACIONAL DE BOLIVIA
CÉDULA DE IDENTIDAD
serie 41343
sección 42242
No. de La Paz /TFPA
Válida hasta el 05 de Diciembre de 2024
QE5BBESJ8285876
FIRMA DEL INTERESADO
SERVICIO GENERAL DE IDENTIFICACIÓN PERSONAL
CERTIFICA: Que la firma, fotografía e impresión pertenece
A: BEATRIZ GONZÁLEZ PRADO
Nacido el 01 de Marzo de 1993
En LA PAZ - MURILLO - NUESTRA SEÑORA DE LA PAZ
Estado Civil CASADA
Profesión/Ocupación Estudiante
Domicilio C. F. DE MIRANDA NO. 200 MIRAFLORES
BISMARCK ARNOLDO ROSALES COSSIO
DOCUMENTOS REGISTRADOS

- Presenta a la chica (nombres, apellidos, fecha de nacimiento, nacionalidad, estado civil, etc.).

Mi gramática

p. 20

El presente (verbos irregulares)
*Yo **soy** humano, tú **eres** humano, **somos** humanos.*

Conjuga los verbos.

a. Tú (ser) ... estudiante.
b. Beatriz (ser) ... boliviana.
c. Él (tener) ... 13 años.

Mini PROYECTO

INDIVIDUAL pix

Graba mi presentación. Digo ocho cosas que me caracterizan.

Comprensión lectora

¿Nos parecemos?

A ¿Quién eres?

Sofía habla con John en su nuevo instituto en EEUU.

–¿Cómo te llamas?

–Sofía.

–Uy, Sofía, ¡qué nombre tan bonito[1]!

–Gracias. Y tú, ¿por qué hablas tan bien el español?

–Ah, es que fui[2] a Barcelona, hace un año[3], como estudiante de intercambio, sabes. ¿Y tú de dónde eres?

–Todo el mundo nos confunde con los argentinos porque hablamos casi igual, pero soy uruguaya. [...]

Sofía vuelve a casa y habla de John con su padre.

–¿Quién es? preguntó papá. [...]

–Un amigo, papi...

–Pero, ¿cuántos años tiene?

–Está en penúltimo grado[4], tiene dieciséis.

Cecilia Curbelo, *Las dos caras de Sofía*, 2012

1. *joli* 2. *j'ai été* 3. *il y a un an* 4. *avant-dernière année de lycée*

1. Presenta a la chica: ¿Cómo se llama? ¿De qué nacionalidad es?
2. Presenta al chico (nombre, edad, clase, etc...).
3. En grupos de tres, representad el diálogo adaptándolo a vosotros.

Exprésate

- ser alto(a) ≠ bajo(a) delgado(a) ≠ gordito(a)
- tener el pelo corto ≠ largo / rizado ≠ liso
- ser rubio(a) / castaño(a) moreno(a) / pelirrojo(a)
- llevar gafas / el pelo...
- parecerse: *se ressembler*
- más/menos + adj + que...
- tan + adj + como...

B Somos hermanos

Alex habla de su hermana, Blake.

Lleva[1] el pelo corto [...]. Los dos tenemos los ojos oscuros y somos castaños. A excepción de la estatura[2], pues soy casi diez centímetros más alto que ella, nos parecemos tanto físicamente que podríamos hacernos pasar por gemelos[3].

Inma Rubiales, *Cántame al oído*, 2021

1. *ici, elle a* 2. *à part la taille* 3. *nous pourrions nous faire passer pour des jumeaux*

1. ¿Cómo es Blake?
2. Dibuja a Alex y a Blake.
3. Compara a los dos hermanos.
4. Descríbete físicamente. Puedes ayudarte del texto.

Fiche différenciation
hatier-clic.fr/22lis4102

De memoria

AUDIO ÉLÈVE 22lis411

Por mi parte, soy o creo ser, duro
de nariz,
Mínimo de ojos, escaso de pelos
en la cabeza...

Pablo Neruda (poeta chileno)

Mi gramática

p. 21

La frase interrogativa

¿Cómo te llamas? ¿Cuántos años tiene?

Completa con el pronombre interrogativo (qué, quién, cuántos) que corresponde.

a. ¿... estudias? Estudio español.

b. ¿... años tienes?

c. ¿... es Blake? Es la hermana de Alex.

Expresión escrita

Formamos un arco iris

B El respeto nos une

1. Presenta el documento: qué es, de qué se compone, a quién se dirige y qué promueve.
2. Elige a un personaje: sitúalo en el cartel, redacta su presentación inventando su identidad y descríbelo físicamente.

¿LO SABES?
El 12 de octubre se recuerda, en España y América Latina, la llegada de Cristóbal Colón a América en 1492.

Exprésate

- un cartel
- un lema= un eslogan
- promover [ue]: *promouvoir*
- a la derecha/a la izquierda /en el centro
- en el primer/segundo/ tercer plano
- tener los ojos marrones/ grandes/rasgados...
- la piel/la tez: *la peau*

C Amigos de colores

Amigos de colores
unamos las manos:
negro, amarillo,
aceituna, blanco.
¡Un gran arco iris[1]
entre todos formamos!

Inmaculada Díaz

1. La poeta tiene amigos diferentes, ¿qué forman entre ellos? Explica por qué.
2. Define lo que es un mosaico cultural.

1. *arc-en-ciel*

Mi gramática

p. 21

Ser y Estar
Está *en penúltimo grado.* ***Somos*** *castaños.*

¿Ser o estar? Conjuga el verbo que conviene.

a. Nosotros ... en segundo de la ESO.
b. Alex y Blake ... hermanos.
c. Vosotros ... diferentes, pero iguales.

Mini PROYECTO

INDIVIDUAL Hago la descripción física de un(a) amigo(a). Puedo añadir una foto en mi descripción.

+ prof
Mise en œuvre

MARATÓN DE REPASO

¡Juega y repasa!

REGLAS DEL MARATÓN

» Tu profesor(a) constituirá grupos, os dará las fichas y os indicará un itinerario.

» Tendréis 7 minutos para realizar cada juego.

» Si tenéis un problema, avisad a vuestro(a) profesor(a).

¿Qué grupo ganará el gran maratón de repaso?

MI FICHA INDIVIDUAL

Pour faire ton bilan, tu peux utiliser la fiche téléchargeable. Complète-la après chaque jeu.

Fiche à imprimer
hatier-clic.fr/22lis4103

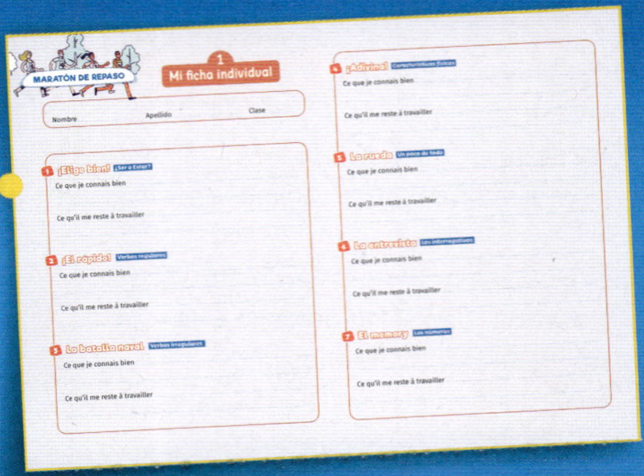

1 ¡Elige bien!

¿Ser o estar?

EN GRUPO · 7min

Ordena las tarjetas para formar una frase correcta.

» Cada alumno(a) lee una frase y conjuga el verbo.

Ej. Tú + ser ~~estar~~ + inteligente → Tú eres inteligente.

Yo
Sofía
Beatriz
Perú
Nosotros
Daniel
Vosotras
Sus ojos
Ellos/Ellas

ser
estar

españoles
estudiantes
soltero
boliviana
altas
bajos
verdes
delgados
chilenos
de Barcelona
una persona sorda
en América del sur

2 ¡El rápido!

Verbos regulares

INDIVIDUAL · 7min

Conjuga los verbos lo más rápido posible.

Escanea el código QR (o utiliza el enlace) y conjuga los verbos en el presente del indicativo.

Activités
hatier-clic.fr/22lis4104

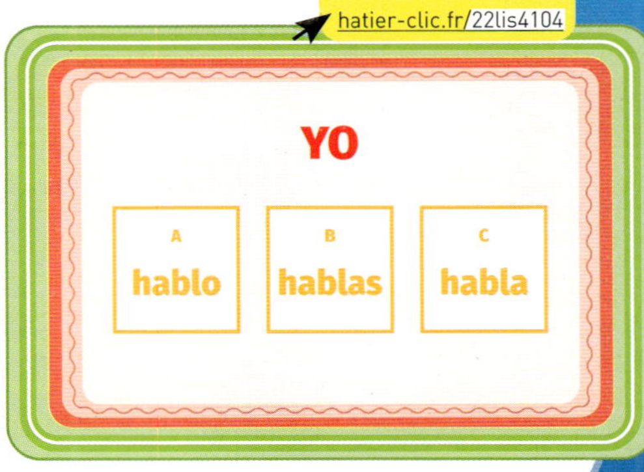

3 La batalla naval

Verbos irregulares

EN PAREJAS · 7min

Fiche à imprimer
hatier-clic.fr/22lis4105

El objetivo es hundir la flota del adversario(a).

» Cada jugador(a) dibuja con un lápiz sus barcos (en posición horizontal) antes de empezar el juego.

» Cada jugador(a) tiene un turno de disparo. Tiene que enunciar las diferentes combinaciones (verbo y persona) utilizando el presente del indicativo.

Por ejemplo: **Ellos** + **Tener** → *¡Tienen!*

Si fallas (*si tu échoues*), el otro jugador responde → *¡Agua!*

Si apuntas (*si tu vises*) bien, el otro jugador responde → *¡Tocado!*

Y por fin → *¡Hundido!*

	Yo	Tú
Estar		
Tener		
Ser		
Venir		
Poder		
Hacer		
Volver		
Parecerse		

4 ¡Adivina!

Características físicas

EN PAREJAS · 7min

El objetivo es adivinar quién es el personaje de tu compañero(a).

» Cada jugador(a) le hace una pregunta a su compañero(a). Este(a) le responde haciendo una frase completa.

¿Es un chico?

Sí, es un chico.

¿Tiene los ojos azules?

No, no tiene los ojos azules.

5 La rueda

Un poco de todo

INDIVIDUAL · 7min

Activités
hatier-clic.fr/22lis4106

El objetivo es responder a preguntas muy variadas sobre ti y sobre elementos del mundo hispánico.

[Escanea] el código QR (o utiliza el enlace) y gira la rueda.

» Responde a las preguntas y escribe tus respuestas.

Por ejemplo: *¿Cómo se llama tu hermano?*

Mi hermano se llama Miguel.

6 La entrevista

Fiche à imprimer
hatier-clic.fr/22lis4107

Los interrogativos

EN PAREJAS · 7min

El objetivo es utilizar los interrogativos para hacer preguntas.

» Elige una pregunta y léela en voz alta.

» ¡Ojo, tienes que completarla con el interrogativo adecuado!

» Luego, tus compañeros te contestan haciendo frases completas.

PREGUNTA 3

¿En ... colegio estudias?

¿En qué colegio estudias?

Yo estudio en el colegio Pablo Picasso en Madrid.

7 El memory

Los números

INDIVIDUAL · 7min

Activités
hatier-clic.fr/22lis4108

El objetivo del juego es asociar el número a su escritura en letras.

[Escanea] el código QR (o utiliza el enlace) y encuentra las cartas correspondientes a cada pareja.

Por ejemplo: *100 → Cien*

LLEGADA

¡Muy bien, has llegado hasta el final!

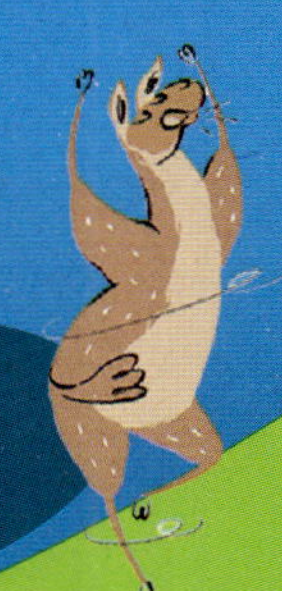

LENGUA

MI GRAMÁTICA

Exercices + à imprimer
hatier-clic.fr/22lis4109

1 Le présent (verbes reguliers)

Observe la terminaison des verbes au présent. Que peux-tu en déduire ?

Pour former le présent de l'indicatif des verbes réguliers en espagnol on enlève *-ar*, *-er*, ou *-ir* de l'infinitif et on les remplace par les terminaisons propres à chaque groupe.

	Hablar	Aprender	Vivir
yo	*hablo*	*aprendo*	*vivo*
tú	*hablas*	*aprendes*	*vives*
él, ella, usted	*habla*	*aprende*	*vive*
nosotros(as)	*hablamos*	*aprendemos*	*vivimos*
vosotros(as)	*habláis*	*aprendéis*	*Vivís*
ellos, ellas, ustedes	*hablan*	*aprenden*	*viven*

! Le verbe ***Llamarse*** se conjugue comme *trabajar*. Attention : au présent de l'indicatif le pronom réfléchi (*me*, *te*, *se*, *nos*, *os*, *se*) se place devant le verbe : *me llamo, te llamas...*

1 Conjugue le verbe à la personne demandée.

a. ¿Irene (estudiar) ... inglés?
b. Vosotros (trabajar) ... mucho este año.
c. Nosotros (vivir) ... en Francia.

2 Compose les phrases. Mets les verbes à la bonne personne.

a. Pedro / Yo / llamarse.
b. Tú / muchos / libros / leer.

2 Le présent (verbes irréguliers)

Cite des verbes qui se conjuguent différemment des verbes réguliers. Quelles particularités remarques-tu ?

En espagnol, il y a, comme en français, des verbes irréguliers. Certains se terminent en **-oy** à la 1re personne, d'autres en **-go**. D'autres encore **diphtonguent** [ie], [ue] (aux trois personnes du singulier et à la 3e personne du pluriel).

Ir	Hacer	Tener	Poder
voy	*hago*	*tengo*	*puedo*
vas	*haces*	*tienes*	*puedes*
va	*hace*	*tiene*	*puede*
vamos	*hacemos*	*tenemos*	*podemos*
vais	*hacéis*	*tenéis*	*podéis*
van	*hacen*	*tienen*	*pueden*

! Le verbe ***parecer(se)*** est irrégulier à la première personne : *me parezco.*

1 Conjugue le verbe à la personne demandée.

a. Tú (tener) ... muchas clases.
b. Yo (hacer) ... mis deberes.
c. Ellas (poder) ... hablar español.

2 Complète avec le verbe adéquat, à la personne appropriée.

a. Ella ... trece años.
b. Ellos ... sus deberes.
c. Mis hermanos ... al colegio.

3 La phrase interrogative

Quand tu lis une question, que remarques-tu en espagnol ?

À l'écrit, en espagnol, les phrases interrogatives **commencent par un point d'interrogation à l'envers (¿)** et se terminent par un point d'interrogation, comme en français.
À l'oral, c'est l'intonation montante qui marque la question.

• ***¿Quién?*** s'emploie pour une personne et ***¿Qué?*** pour un objet.

• ***¿Cuánto?*** s'accorde avec le nom :
*¿Cuánt**o** tiempo? ¿Cuánt**a** gente?*
*¿Cuánt**os** años? ¿Cuánt**as** horas?*

• ***¿Cómo?*** et ***¿Dónde?*** sont invariables.

¡Ojo! Tous les interrogatifs ont un accent.

1 Choisis le bon interrogatif parmi les suivants : *quién*, *qué*, *dónde*, *cuántas*.
a. ¿... deporte haces?
b. ¿... horas de deberes haces cada día?
c. ¿... es tu amigo?
d. ¿... vives?

2 À partir des réponses, écris la question.
a. ¿...? Veintiún países hablan español.
b. ¿...? Tengo trece años.
c. ¿...? Mi padre habla tres lenguas.

4 *Ser* et *estar*

En espagnol il existe deux verbes pour le verbe "être". Quels sont ces verbes ?

• On emploie ***ser*** avec un nom et avec une nationalité. *Soy una chica y soy peruana.*
Ser + adjectif est employé pour donner une caractéristique. *Es rubio y simpático.*

• ***Estar*** sert à situer. Il peut être remplacé par « se trouver ». *Estamos en clase.*
! *Estar* + adjectif = état d'humeur : *Está triste*.

	Ser	**Estar**
yo	*soy*	*estoy*
tú	*eres*	*estás*
él, ella, usted	*es*	*está*
nosotros(as)	*somos*	*estamos*
vosotros(as)	*sois*	*estáis*
ellos(as), ustedes	*son*	*están*

1 Conjugue le verbe entre parenthèses.
a. Yo (ser) ... un alumno y (ser) ... español.
b. El (ser) ... cubano y (estar) ... en Madrid.
c. Vosotros (ser) ... morenos y altos.

2 Choisis entre *ser* et *estar* et conjugue.
a. Las alumnas ... en el instituto.
b. Yo ... en segundo de la ESO.
c. Tú ... mexicana y ... en Francia.

SONIDOS DEL ESPAÑOL

AUDIO ÉLÈVE 22lis412

Pronuncio la «c» + e/i y la «z»

→ Le c devant un *e* ou un *i* et le z se prononcent en mettant le bout de la langue entre les dents.

Escucha y repite.

mezcla - nací - domicilio - doce - venezolano - decir - recibir - Beatriz - hacer - cabeza - nariz

Escucha el trabalenguas

Beatriz Acero Aceituna se presenta y dice así: ¡Soy actriz, de Venezuela! Dice "sí" con la cabeza, dice "sí" con la nariz.

¡Repítelo lo más rápido posible!

¡ENTRÉNATE!

+ prof
Grille d'évaluation

Comprensión auditiva

Je peux comprendre une description physique.

AUDIO PROF. 1.1

Una estudiante latinoamericana

Apunta en tu cuaderno la(s) respuesta(s).

a. La chica es: boliviana / española / mexicana.
b. Tiene los ojos: grandes / rasgados / pequeños
c. Tiene la piel: aceituna / nata / canela
d. Tiene el pelo: rubio / negro / castaño
e. Es: alta / gordita / baja

Comprensión lectora

Je peux comprendre un dialogue simple sur la présentation.

– Soy el hijo del dueño [...]
– ¿Y tienes nombre? Porque seguro que sabes el mío. [...]
– Javier Hidalgo, pero puedes llamarme simplemente Javi. Encantado, Alexia.
– Igualmente [...]. Por cierto, ¿qué edad tienes? [...]
– Según mi DNI, veinticuatro. Y tú unos... ¿veintiuno?
– Diecinueve.
– Las chicas siempre parecéis mayores.

Susana Rubio, *La elección de Alexia*, 2021

Lee el texto y di si las frases siguientes son verdaderas o falsas.

a. Los personajes son Javier y Alexia.
b. Los personajes son amigos.
c. El chico tiene veinticuatro años.
d. Ella parece más joven.

Expresión oral

Je peux interagir avec une personne pour me présenter.

Carmen,
17 años,
Bogotá,
colombiana,
estudiante.

Juan,
16 años,
Salamanca,
español,
estudiante.

Imagina un diálogo entre estos dos jóvenes.

Expresión escrita

Je peux me présenter de façon brève.

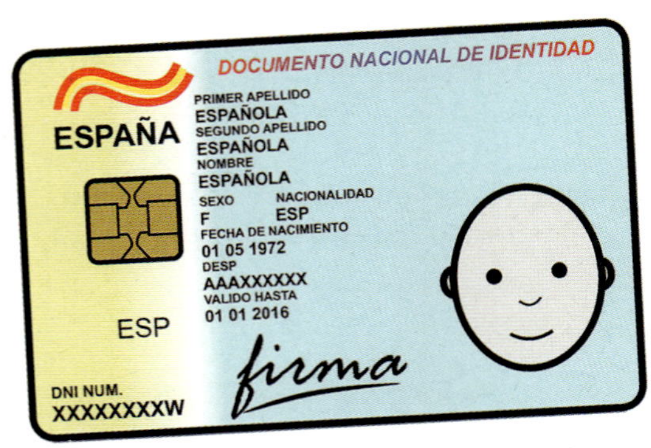

Creo mi carné de identidad (nombre, apellido, fecha de nacimiento, domicilio, estado civil) **y luego, redacto algunas frases para presentarme y describirme físicamente.**

¡MANOS A LA OBRA!

PROYECTO 1

INDIVIDUAL

Creo una tarjeta para participar en un *Memory*.

ETAPA 1 **Preparación (en casa)**

- → Elige una foto tuya (un retrato) y grábala en un *pendrive* (clé USB).
- → Redacta una breve presentación con la información siguiente: edad, lugar de residencia, nacionalidad, estatura, ojos, pelo (color, aspecto)... ¡Sin dar tu nombre!

ETAPA 2 **Realización (en clase)** pix

- → En la sala de informática: pega tu foto en un procesador de textos y escribe tu presentación con la tipografía Arial, tamaño 12.
- → Envía tu trabajo por correo electrónico a tu profesor(a).
- → Ahora, ¡listos para jugar al gran *Memory*!

PROYECTO 2

EN PAREJAS

Realizamos un vídeo para el «Día del respeto a la diversidad cultural».

ETAPA 1 **Preparación (en clase)**

- → En binomios, inventad dos personajes hispanos.
- → Redactad un diálogo mostrando que sois diferentes, pero que sois amigos(as).
- → Vuestro(a) profesor(a) os ayudará a corregir los errores del texto.
- → Para entrenaros, leed y representad el diálogo varias veces.

ETAPA 2 **Realización (en casa)** pix

- → Grabad vuestro vídeo.
- → Pasadlo a un *pendrive* (clé USB) para dárselo a vuestro(a) profesor(a).

Unidad

2 Dime cómo vives

¿Vivimos todos del mismo modo?

Je serai capable de ...

- comprendre quelqu'un qui parle d'activités quotidiennes et de loisirs.
- comparer les rythmes quotidiens dans différents pays.
- lire et comprendre un texte court sur les tenues vestimentaires et les habitudes alimentaires.
- écrire un texte court pour décrire mes habitudes et mes loisirs.

PROYECTOS FINALES

INDIVIDUAL
Grabo un vídeo para explicar mis rutinas a mi correspondiente.

EN PAREJAS
Hacemos una presentación sobre los hábitos cotidianos en un país hispano.

VIDEO
PROF. 2.1

Mi rutina diaria

¿Qué hace Agustín por la mañana?

Comprende
- pronto: *tôt*
- llego tarde: *j'arrive tard*
- pierdo el autobús: *je râte mon bus*

Laura Vidra (pintora argentina), *Encuentro romántico*, 2021

Artesanias
Plantas ~ Flores

Comprensión auditiva

Cada uno a su ritmo

A Un día en la vida de una estrella

VIDEO PROF. 2.2

Un día en la vida de Tini

Comprende

- me acuesto: *je me couche*
- el estudio: *le studio d'enregistrement*
- lo que me dé ganas: *ce qui me fera envie*
- el mate: *infusion populaire en Amérique du Sud*
- un huevo revuelto: *un œuf brouillé*
- la hora

en punto

menos cuarto

y cuarto

y media

Exprésate

- el despertador: *le réveil*
- por la mañana: *le matin*
- por la tarde: *l'après-midi*
- depende: *ça dépend*

1. Presenta a la chica.
2. Precisa a qué hora se levanta cuando trabaja y cuando no trabaja.
3. Enumera dos actividades que hace antes de ir al estudio.
4. Cita tres elementos que componen el desayuno de la chica.
5. Y tú, ¿a qué hora te despiertas y qué haces por la mañana cuando tienes clase?

B ¿A qué hora se acuestan los españoles?

VIDEO PROF. 2.3

Choques culturales

Comprende

- temprano: *tôt*
- estar durmiendo: *être en train de dormir*

Exprésate

- madrugar: *se lever tôt*
- dormirse [ue]: *s'endormir*
- mientras que: *alors que*
- más/menos + adj.: *plus/moins + adjectif*

1. ¿Los españoles se acuestan pronto?
2. Completa con la hora correcta: Los españoles se acuestan a las ...
3. ¿A qué hora se acuesta la chica?
4. Di a qué hora te acuestas y compara con la chica.

Mi gramática

p. 34

Los verbos con diptongo

*Me **despierto** a las diez.*

Conjuga los verbos correctamente.

a. Tú (despertarse) ... a las siete de la mañana.
b. Nosotros (dormir) ... hasta las diez el domingo.
c. Ellos (acostarse) ... a las diez de la noche.

Pasándolo bien

C ¿Qué están haciendo?

Exprésate

- de día y de noche: *jour et nuit*
- cepillarse los dientes: *se brosser les dents*
- charlar = hablar
- estar contentos
- correr: *courir*
- montar en columpio: *faire de la balançoire*
- pasar un buen rato = divertirse

Liniers, *Macanudo (Enriqueta y su gato Fellini)*, 2021

1. *ici, compter*
2. *Je veux que*

1. Di quiénes son los personajes.
2. Enumera lo que están haciendo los personajes.
3. Para Enriqueta, todos los días ...
4. Di qué estás haciendo tú en este momento.

Mi gramática

p. 34

El verbo *estar* + gerundio

*Enriqueta **está leyendo** y **hablando** con su gato.*

Transforma las frases como en el modelo.

Nosotros comemos → Estamos comiendo.

a. Yo charlo con mi amigo.
b. Tú escribes a tu abuela.
c. El gato duerme.

Mini PROYECTO

INDIVIDUAL A partir de una serie de fotos o imágenes de tu rutina de mañana o tarde, dices a tus compañeros(as) qué estás haciendo en cada una.

Comprensión lectora

Vestidos para la ocasión

¿LO SABES?

En algunas escuelas de España y de los países hispanoamericanos, los alumnos visten uniforme.

A La ropa de los jóvenes mexicanos

Los niños y adolescentes suelen[1] usar los pantalones vaqueros y camisetas, pero, durante la semana, la mayoría de ellos visten los uniformes escolares, porque incluso las escuelas públicas lo requieren[2]. Un uniforme escolar típico consiste en una camisa de polo[3] blanca o de color claro con el nombre de la escuela y la insignia en el pecho[4]. Los chicos usan pantalones, por lo general de color azul marino, y las chicas usan faldas.

Nina Makofsky en ehowenespanol.com, noviembre 2021

1. *ont l'habitude* 2. *l'exigent* 3. *chemise polo* 4. *poitrine*

Pédagogie différenciée

Itinerario A

1. En México, los ... visten de ... tanto en las escuelas públicas como en las privadas.
2. Cuando no van a la escuela, los jóvenes mexicanos visten ...
3. Clasifica en dos columnas los elementos del uniforme de las chicas y de los chicos: falda, camisa, pantalón...

Itinerario B

1. Presenta el tema del texto y di de quién habla.
2. Di qué visten los jóvenes mexicanos cuando no van a la escuela.
3. ¿Qué prendas componen un uniforme escolar? ¿Es igual el uniforme para chicos y para chicas? Justifica tu respuesta.

4. A partir del texto y de la foto, explica a tus compañeros(as) cómo visten los/las alumnos(as) en México. Describe su uniforme y tu uniforme ideal.

Exprésate

- componerse de: *être composé de*
- un jersey: *un pull*
- una chaqueta: *une veste*
- un vestido: *une robe*
- un chándal: *un survêtement*
- calcetines: *chaussettes*
- zapatos: *chaussures*
- una falda: *une jupe*
- unos pantalones

Mi gramática

p. 35

***Vestir*: verbo con cambio vocálico**

La mayoría de ellos ***visten*** *los uniformes escolares.*

Conjuga el verbo *vestirse* en la persona adecuada.

a. Pancho y Lupe ... uniforme cinco días a la semana.
b. Yo ... siempre ropa deportiva.
c. Mi hermano y yo ... de forma diferente.

Expresión escrita

Estilos de vida hispanos

B ¿Qué suelen hacer el fin de semana?

1

Una paella en familia, Valencia (España)

2

Un grupo de jóvenes ensayan sus canciones (Colombia)

3

Clases de surf en las Islas Canarias (España)

4

Una reunión de amigos en un parque de Buenos Aires (Argentina)

1. Observa las fotos y completa en tu cuaderno: Para divertirse, los jóvenes de la foto 2 suelen ...
2. Escribe un párrafo contando qué sueles hacer tú para disfrutar de tu tiempo libre.

Exprésate

- disfrutar: *profiter*
- pasarlo bien: *passer un bon moment*
- ver a los amigos
- tocar la guitarra
- hacer deporte

Mi gramática

p. 35

El verbo *soler*

*¿Qué **suelen** hacer?*

Conjuga el verbo *soler* en la persona adecuada.

a. ... salir con vuestros amigos el sábado.
b. En tu tiempo libre, ... ir al parque a pasear.
c. El miércoles, yo ... jugar al fútbol.

Mini PROYECTO

EN GRUPO Escribís cuatro preguntas para crear un cuestionario sobre el ocio y la forma de vestir de los alumnos(as). Tu profesor(a) las recoge y las distribuye al azar. Respondéis a las que os tocan.

MARATÓN DE REPASO

+ prof
Mise en œuvre

¡Juega y repasa!

¿Qué grupo ganará el gran maratón de repaso?

REGLAS DEL MARATÓN

- Tu profesor(a) constituirá grupos, os dará las fichas y os indicará un itinerario.
- Tendréis 7 minutos para realizar cada juego.
- Si tenéis un problema, avisad a vuestro(a) profesor(a).

MI FICHA INDIVIDUAL

Pour faire ton bilan, tu peux utiliser la fiche téléchargeable. Complète-la après chaque jeu.

Fiche à imprimer
hatier-clic.fr/22lis4201

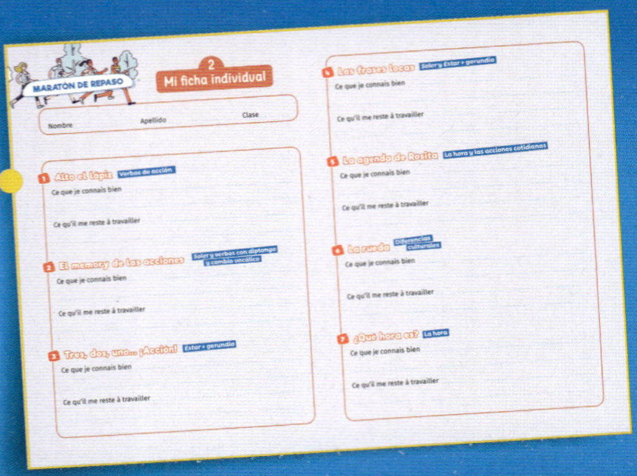

MARATÓN DE REPASO
2 Mi ficha individual

Nombre Apellido Clase

1 Alto el lápiz — Verbos de acción
Ce que je connais bien
Ce qu'il me reste à travailler

2 El memory de las acciones — Soler y verbos con diptongo y cambio vocálico
Ce que je connais bien
Ce qu'il me reste à travailler

3 Tres, dos, uno... ¡Acción! — Estar + gerundio
Ce que je connais bien
Ce qu'il me reste à travailler

4 Las frases locas — Soler y Estar + gerundio
Ce que je connais bien
Ce qu'il me reste à travailler

5 La agenda de Rosita — La hora y las acciones cotidianas
Ce que je connais bien
Ce qu'il me reste à travailler

6 La rueda — Diferencias culturales
Ce que je connais bien
Ce qu'il me reste à travailler

7 ¿Qué hora es? — La hora
Ce que je connais bien
Ce qu'il me reste à travailler

1 Alto el lápiz

Verbos de acción

EN PAREJAS · 7min

El objetivo es completar todas las casillas con verbos en infinitivo.

» Copia las letras en tu cuaderno y escribe verbos de acciones de la vida cotidiana o el tiempo libre, que empiezan por las letras indicadas.

A	B	C	D	H	J	L	M	P	T	V
		Comer								

» El/la que encuentra antes por lo menos un verbo con cada letra dice «Alto el lápiz» y su compañero(a) tiene que parar de escribir.

Podéis comparar vuestros resultados y completar vuestras fichas.

2 El memory de las acciones

Soler y verbos con diptongo y cambio vocálico

INDIVIDUAL · 7min

Activités
hatier-clic.fr/22lis4202

Asocia texto e imagen.

Escanea el código QR (o utiliza el enlace) y asocia las frases con su imagen correspondiente.

3 Tres, dos, uno... ¡Acción!

INDIVIDUAL 7min

Estar + gerundio

El objetivo es asociar las fotos con los verbos y construir frases.

» ¿Qué están haciendo? Observa las fotos y construye frases.

A

B

C

D

E

F

G

H

1. Yo / llamar por teléfono.
2. Javier / desayunar.
3. Juan y Diana / montar en bici.
4. Nosotros / hacer la compra.
5. El gato / dormir.
6. Vosotros / leer.
7. Ellos / ver una película
8. La chica / tocar la guitarra.

4 Las frases locas

Soler y Estar + gerundio

INDIVIDUAL 7min

Activités
hatier-clic.fr/22lis4203

El objetivo es formar frases correctas con *soler* y *estar* + gerundio.

Escanea el código QR (o utiliza el enlace) y ordena las palabras para formar frases.

alumnos *llevar* *suelen*
uniformes *mexicanos* *los*

5 La agenda de Rosita

La hora y las acciones cotidianas

EN PAREJAS · 7min

El objetivo es presentar el día de la osa Rosita, precisando las horas.

» Describe la rutina de Rosita con ayuda de su agenda. Preguntas a tu compañero(a) y te responde. Luego intercambiáis los roles.

¿Qué hace Rosita a las ocho?

A las ocho, Rosita…

6 La rueda

Diferencias culturales

INDIVIDUAL · 7min

El objetivo es responder a preguntas sobre las costumbres del día a día hispano.

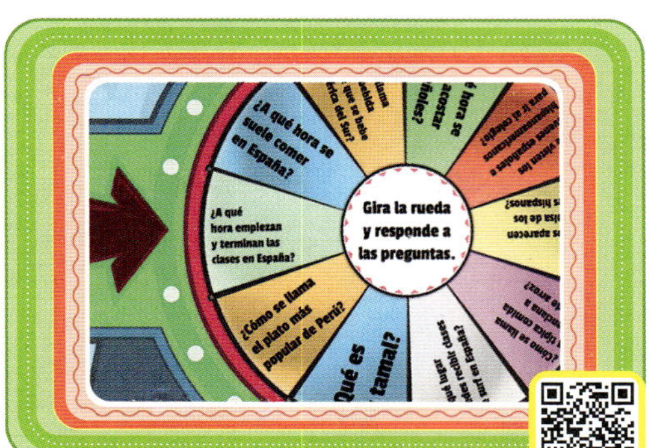

Activités
hatier-clic.fr/22lis4204

Escanea el código QR (o utiliza el enlace) y gira la rueda.

» Responde a las preguntas y escribe tus respuestas en tu cuaderno. Puedes comprobar tus respuestas en la ficha de corrección que te dará tu profesor(a) cuando termines.

7 ¿Qué hora es?

La hora

INDIVIDUAL · 7min

Activités
hatier-clic.fr/22lis4205

El objetivo del juego es asociar la hora a su escritura en letras.

Escanea el código QR (o utiliza el enlace) y arrastra y suelta para formar pares correctos.

LENGUA

MI GRAMÁTICA

Exercices à imprimer
hatier-clic.fr/22lis4206

1 Les verbes à diphtongue

Que veut dire « diphtongue » ? Ce phénomène existe-t-il en français ?

La diphtongue implique que la voyelle ***o*** ou ***e*** de l'infinitif se transforme en deux voyelles aux trois personnes du singulier et à la troisième personne du pluriel.

Le ***o*** devient ***ue***. Le ***e*** devient ***ie***.

Remarque : La diphtongue existe en français aussi : tenir → tiens.

Despertarse	Volver	Dormir
me despierto	*vuelvo*	*duermo*
te despiertas	*vuelves*	*duermes*
se despierta	*vuelve*	*duerme*
nos despertamos	*volvemos*	*dormimos*
os despertáis	*volvéis*	*dormís*
se despiertan	*vuelven*	*duermen*

1 Conjugue les verbes.

a. Cada día, yo (perder) ... el autobús.
b. Tú (dormir) ... poco.
c. Nosotros (volver) ... del cole a las tres.
d. Él (despertarse) ... muy tarde los fines de semana.

2 Rédige trois phrases au moins pour parler de ton quotidien.

Utilise les verbes suivants : *despertarse* • *almorzar* • *acostarse* • *dormir*.

2 La forme progressive

Comment traduirais-tu « *estoy leyendo* » ? A quelle structure anglaise cela te fait penser ?

Pour indiquer une action qui est en train de se dérouler, on utilise le verbe ***estar*** conjugué à la personne souhaitée suivi du verbe au gérondif.

Rappel : **la formation du gérondif**

- Verbes en -***ar*** → -***ando***
  jugar → *jugando*
- Verbes en -***er***/-***ir*** → -***iendo***
  correr → *corriendo*
  vivir → *viviendo*

! Certains verbes sont **irréguliers** au gérondif (*dormir: durmiendo, leer: leyendo, ir: yendo, reir: riendo...*).

1 Donne le gérondif des verbes suivants.

a. despertar
b. levantar
c. hacer
d. comer
e. dormir

2 Construis des phrases à la forme progressive.

a. Mi amigo / caminar por la calle.
b. Ahora / ellos / salir del instituto.
c. Él / descansar en su casa.
d. ¿Tú / escuchar al profesor?
e. Yo / leer el ejercicio.

3 Vestir : verbe à alternance

Qu'as-tu remarqué au sujet du verbe « *vestirse* », au présent ?

Le verbe ***vestirse*** est un verbe irrégulier, dit à alternance ou à affaiblissement.
Le ***e*** devient ***i*** au présent aux trois personnes du singulier et à la 3e personne du pluriel.

D'autres verbes, comme ***pedir*** et ***repetir***, ont les mêmes caractéristiques.

	Vestir(se)
yo	*(me) visto*
tú	*(te) vistes*
él, ella, usted	*(se) viste*
nosotros(as)	*(nos) vestimos*
vosotros(as)	*(os) vestís*
ellos, ellas, ustedes	*(se) visten*

1 Choisis la forme qui convient.

a. ¿Os (*vestís*/*vistís*) con uniforme el sábado?
b. Yo siempre (*pido*/*piedo*) la misma bebida.
c. ¿Qué (*pedís*/*pidís*) vosotras?

2 Rédige des phrases avec ces éléments.

a. Él (vestir) ... de forma muy elegante.
b. Tú (pedir)... los apuntes a tu compañero.
c. Yo (repetir) ... la pregunta.

4 Soler

Quel verbe utilise-t-on en espagnol pour exprimer « avoir l'habitude de » ?

En espagnol on utilise le verbe ***soler*** **+ verbe à l'infinitif** pour exprimer l'habitude.
*Los españoles **suelen cenar** a las diez de la noche. **Suelo ver** a mis amigos los sábados por la tarde.*

! Le verbe ***soler*** diphtongue au présent.

	Soler
yo	*suelo*
tú	*sueles*
él, ella, usted	*suele*
nosotros(as)	*solemos*
vosotros(as)	*soléis*
ellos, ellas, ustedes	*suelen*

1 Conjugue le verbe *soler*.

a. Yo (soler) ... despertarme a las siete.
b. Él (soler) ... jugar al fútbol los jueves.
c. Nosotras (soler) ... ir al cine los sábados.
d. Tú (soler) ... estudiar en la biblioteca.

2 Rédige trois phrases pour parler de tes habitudes. Aide-toi de l'exemple.

Ej.: Suelo ir a clases de música los martes.

SONIDOS DEL ESPAÑOL

AUDIO ÉLÈVE 22lis421

Pronuncio las vocales españolas (u et e)

→ Le u se prononce « ou » et le e « é ». Si une voyelle est devant un n ou un m, on prononce les deux lettres séparément, sans nasalisation.

Escucha y repite.

almuerzo - uniforme - suele - tocando - tarde - bebiendo - descubriendo - temprano

Escucha el trabalenguas

Con saltos y brincos,
del brazo las cinco, vienen
las vocales. ¿Las conoces
tú? A, E, I O, U.

¡Repítelo lo más rápido posible!

¡ENTRÉNATE!

+ prof
Grille d'évaluation

Comprensión auditiva

Je peux écouter et comprendre quelqu'un qui parle des activités quotidiennes.

AUDIO PROF. 2.1

Un día en la vida de Javi

¿Verdadero o falso? Justifica tus respuestas.

a. Javier se despierta pronto y escucha música en su móvil.
b. Sus padres suelen preparar el desayuno.
c. Por la tarde, suele ver la tele con sus padres.
d. Se acuesta tarde porque es sábado.

Comprensión lectora

Je peux lire et comprendre un texte court sur les habitudes alimentaires.

La mayoría de los desayunos del mundo suelen ser simples entre diario[1] [...]. En Perú y, dependiendo de la región, [...] en general, se suele comer como primera comida tamal, una masa de maíz con o sin relleno[2] cocida entre hojas de plátano; pan con pescado o chicharrones de cerdo[3] [...]. El ceviche[4] es el plato más popular de Perú y además de tomarse a mediodía, curiosamente, también se suele tomar como desayuno.

intermundial.es/curiosidades-del-mundo

1. pendant la semaine 2. fourré ou non 3. charcuterie de porc 4. poisson cru mariné dans du jus de citron.

1. Escoge la respuesta correcta.

a. El texto trata: del desayuno • de la comida • de la cena.
b. En Perú, suelen desayunar: mate y tostadas • tamales • un café

2. Indica cuál es el plato más popular de Perú y en qué momento del día se suele tomar.

Expresión oral

Je peux parler des loisirs.

Observa el cartel y explica lo que suelen hacer estos jóvenes en su tiempo libre.

Puedes utilizar estas expresiones:
- tocar la guitarra
- cuidar plantas
- montar en bicicleta.

1. bicicleta motocross
2. deporte que combina rugby y esgrima

Expresión escrita

Je peux écrire quelques phrases pour comparer des habitudes.

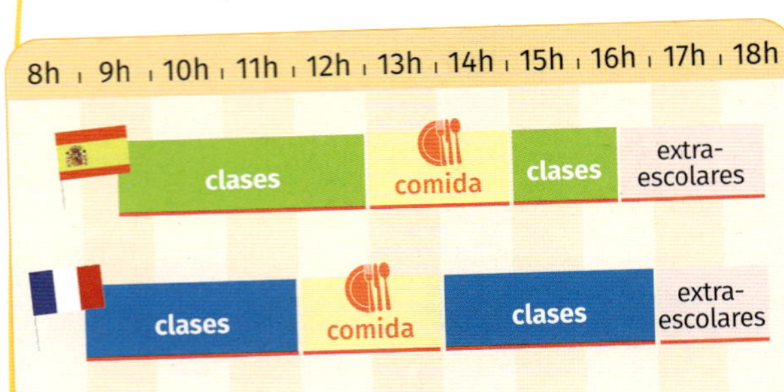

Observa el gráfico y explica por escrito qué suelen hacer los jóvenes de cada país y a qué hora.

¡MANOS A LA OBRA!

PROYECTO 1

INDIVIDUAL

Grabo un vídeo para explicar mis rutinas a mi correspondiente.

ETAPA 1 **Preparación (en clase)**

- Elige un día de la semana.
- Recapitula el vocabulario de las actividades cotidianas. Escribe en un papel cinco o seis palabras claves que te ayudarán a expresarte en tu vídeo y memorízalas.
- También puedes ayudarte escribiendo frases que te sirvan de modelo.

ETAPA 2 **Realización (en casa)**

- Ensaya lo que vas a decir. Presta atención a la entonación y vocaliza.
- Graba tu vídeo y envíaselo a tu profesor(a). pix

PROYECTO 2

EN PAREJAS

Hacemos una presentación sobre los hábitos cotidianos en un país hispano.

ETAPA 1 **Preparación (en clase)**

- Elegid un país hispano.
- En la sala de informática, buscad información sobre el modo de vida de los jóvenes de ese país: los horarios, las actividades de ocio favoritas, el modo de vestir en la escuela y fuera de ella... pix
- Organizad la información en un cuadro.
- Escribid un borrador (*brouillon*) con vuestras ideas. También podéis buscar imágenes para ilustrarlo.

ETAPA 2 **Realización (en clase)**

- Con la información, haced la presentación en el formato elegido: *PowerPoint*, cartel... pix
- Presentadlo a la clase.
- Podéis decorar el aula con los trabajos realizados.

Cuzco, Perú: caminando hacia la escuela

Unidad 3

¡Tod@s tenemos ta

Un talento: ¿una forma de expresarse y superarse?

Je serai capable de ...

- comprendre des phrases simples portant sur les talents.
- exprimer mes goûts.
- comprendre un énoncé court portant sur des événements futurs.
- produire un message court au futur.

PROYECTOS FINALES

INDIVIDUAL
Presento mi candidatura a un concurso de talentos.

EN GRUPO
Creamos y jugamos a nuestro quizz «Tod@s tenemos talento».

VIDEO
PROF. 3.1

Tienen talento, 2019

«Todos son distintos, todos son únicos, todos tienen talento». Explica con ejemplos del vídeo.

Comprende

- aguantan: *supportent*
- se empapan: *se mouillent*
- luchan: *luttent*

La joven futbolista española Vicky López. Portada de *El País semanal*, enero 2022.

EL PAÍS
SEMAN

lento!

Ella es el fútbol del futuro

Vicky López, retrato de una estrella de 15 años

por Pablo de Llano
fotografía de Enrique Escandell

S PALABRAS
E NOS HA
ADO EL VIRUS
uan José Millás

ERMAN: "LA
PAMINA NOS
CE PROGRESAR
ACASAR"
natxu Zabalbeascoa

Comprensión auditiva

¡Tú también tienes un talento!

A Tengo un talento musical

VIDEO PROF. 3.2

Historias del talento, 2019

Comprende

- da lugar a: *ici, permet de*
- salir de ti: *se dépasser*
- coger algo que viene de fuera: *prendre quelque chose qui vient de l'extérieur*
- cantar/el canto
- el coro: *le choeur*
- superación: *dépassement de soi*
- escondido: *caché*

Exprésate

- permitir + inf: *permettre de + inf*
- expresarme: *m'exprimer*
- relajarme: *me détendre*
- superarme: *me dépasser*

Pédagogie différenciée

Itinerario A

1. Presenta a Sagrario.
2. Para ella, la música representa ... . Permite ... y también permite ...
3. Sagrario cree que todos los alumnos tienen ...
4. ¿Quién es Sergio? Precisa su curso y su asignatura favorita.
5. ¿Qué es la cosa nueva que le encanta en el colegio? ¿Qué le gusta hacer?

Itinerario B

1. Completa: Sagrario es ...
2. ¿Qué representa la música para ella?
3. ¿Cree Sagrario que todos los alumnos tienen un talento escondido? Justifica.
4. Presenta a Sergio y di lo que le gusta.
5. A Sergio, le encanta *el flamenco / el coro* y le gusta *tocar / cantar / hablar.*

6. Y a ti, ¿te gusta la música? ¿Por qué? Como Sergio, habla de tu talento escondido y argumenta (2 ideas).

De memoria

AUDIO ÉLÈVE 22lis431

Yo a Enriqueta le diría
Que su gracia me subyuga,
Que me encanta su talento,
Y hasta su nombre me gusta...

Adelardo López de Ayala
(poeta y dramaturgo español)

Mi gramática

p. 46

Los verbos para expresar «gustos»

*El coro es una cosa que **me encanta**.*
***Me gusta** cantar.*

Construye frases correctas.

a. gustar / la música/ le
b. encantar /nos/ los coros
c. me / gustar / tocar el piano

¿Qué te gusta a ti?

Agustina Guerrero, *Nina, Diario de una adolescente*

B A mí me encanta...

1. ¿Qué hace Nina? ¿Por qué?
2. ¿Y a los niños les encanta la canción también? Justifica.
3. Imagina un diálogo con tu compañero(a) sobre vuestros gustos.

C A mí me gusta...

Aurora Ruiz, ganadora del concurso Master Chef Junior (Madrid, enero 2021)

« A mí me gusta cocinar porque podemos compartir y es un mundo de sabores. »

1. Presenta a la chica. ¿Qué le apasiona a Aurora? ¿Por qué?

b. Y a ti, ¿te chifla cocinar? Justifica.

Exprésate

- una sala de espera
- cantar a gritos: *chanter fort*
- cantar desafinado: *chanter faux*
- llorar: *pleurer*
- estar en su mundo: *être dans son monde*
- también: *aussi*
- tampoco: *non plus*
- chiflar = encantar
- el trofeo

Mi gramática

p. 46

La formule d'insistance
***A mí me gusta** cocinar.*

Completa las frases.

a. A las madres no ... gusta la canción.
b. A ... me encanta jugar al fútbol.
c. A ... no te gusta patinar.

Mini PROYECTO

INDIVIDUAL Creo una viñeta sobre un talento que tengo y que me encanta. Doy dos razones utilizando «porque».

Comprensión lectora

¡Todos se superarán!

A

Carmen López tiene 21 años, es ciega[1] y desde hace casi un año su pasión es el surf. La joven asturiana asegura que «si lo quieres[2] hacer, no hay nada imposible. [...] Me siento muy tranquila, desconecto de todo, me libero, salgo relajada[3]. Su entrenador, Lucas García, le indica cómo va a venir la ola[4], le enseña a identificarla. Carmen ya se está preparando para las próximas competiciones que comienzan este mes de abril en Asturias. En mayo, también competirá[5] a nivel nacional y después en el de Europa, que será el primer europeo de surf adaptado y se celebrará en Portugal ■

europapress.es, abril 2019

1. *aveugle* 2. *Si tu veux le faire* 3. *j'en sors détendue* 4. *la vague* 5. *elle fera des compétitions*

Carmen López, la primera surfista española ciega.

1. Presenta a la chica (nombre, apellido, edad, particularidad, pasión...).
2. Le gusta el surf porque ...
3. ¿Quién es Lucas García? ¿Qué le enseña a Carmen?
4. ¿Qué pasará en mayo?

B

Julia Benedetti, la *skater* del momento

UNA JOVEN PROMESA

La *skater* Julia Benedetti, a sus 16 años, se estrena como la única skater española [...]. Esta disciplina y ella harán[1] historia. Es una joven promesa del *skate* nacional, llena de humildad y ganas de superarse cada día: «Tan solo soy una niña a la que le gusta mucho el skate».

antena3.com, julio 2021

1. *feront*

Exprésate

- entrenarse: *s'entraîner*
- concentrarse: *se concentrer*
- escuchar los consejos: *écouter les conseils*

1. ¿Quién es Julia? ¿Qué le gusta mucho?
2. Imagina lo que hará Julia para hacer historia.
3. Tú competirás con Julia. ¿Qué harás para ganar?

Mi gramática

p. 47

El futuro (verbos regulares)

En mayo, también ***competirá*** *a nivel nacional.*

Conjuga los verbos en futuro.

a. Para ganar, ellas (prepararse) ... mucho.
b. En mayo, tú (ser) ... campeona del mundo.
c. Yo (competir) ... en las próximas competiciones.

Expresión escrita

Grandes retos

Vidéo
hatier-clic.fr/22lis4301

Exprésate

- una historia real
- un reto : *un défi*
- una enfermedad: *une maladie*
- a pesar de: *malgré*
- caminar: *marcher*
- participar en
- nadar: *nager*
- correr: *courir*
- tener una minusvalía: *avoir un handicap*
- un(a) deportista
- una nadadora

C No me rendiré

1. Presenta el documento y di quién es Ramón Arroyo.
2. Completa: Ramón participará en ... a pesar de ... ; Será ... quien se encargará del entrenamiento.
3. Di las pruebas que tendrá que hacer durante la competición.

Teresa Perales Cómics, Fundación Telefónica

D La historia de Teresa Perales

1. Presenta el documento y di quién es Teresa Perales.
2. Teresa Perales, a pesar de ... , (poder) ...
3. Imagina qué le dirá su entrenador para animarla a prepararse para la próxima competición.

1. *des béquilles*
2. *les deux*

Mi gramática

p. 47

El futuro (verbos irregulares)
*Ya **verás**, en un año, no **podrás** caminar ni 100 metros.*

Conjuga los verbos en futuro.

a. La competición (tener) ... lugar en América.
b. Los atletas (hacer) ... historia.
c. Ramón (poder) ... caminar a pesar de su enfermedad.

Mini PROYECTO

INDIVIDUAL Eres periodista y redactas una noticia (2 líneas) sobre una de las personas vistas en estas páginas. Imaginas lo que hará para preparar la próxima competición.

¡A JUGAR!

JUEGO 1

Los talentos misteriosos

Encuentra los cuatro talentos y di cuál corresponde al de la foto.

JUEGO 2

Tu reto

Relaciona las fotos con las definiciones correspondientes.

a. Mejorar sus cualidades en ciertas actividades.

b. Prepararse físicamente para una actividad.

1 

2 

3 

c Estar en condiciones de ser comparado con otros.

JUEGO 3

¡A calcular!

Si Juan juega cuatro partidos de fútbol al mes, ¿cuántos partidos jugará en dos años?

UN POCO DE MÚSICA

Vidéo
hatier-clic.fr/22lis4302

La roja baila

Pon tu alma, pon tus sueños a volar
Ganaremos la batalla
Sobre el campo y el terreno está el color
Que nosotros defendemos
Por la roja moriré, soy español
Con orgullo lucharemos
Soñaremos por ti
Lucharemos hasta el fin
Y te haremos sentir
Que la roja juega y canta
[...]

Himno oficial de la selección española de fútbol

Escucha el himno y encuentra los verbos en futuro.

VOCABULARIO

Mapa mental
hatier-clic.fr/22lis4303

Talentos

AUDIO ÉLÈVE 22lis432

hacer deporte (nadar, correr, hacer surf…)

la música

cantar

bailar /el baile

tocar un instrumento

PRACTICA

1 Adivina el talento.

a. Lo practico en una piscina.
b. Lo practico en un coro o solo.
c. Lo practico en el mar con una tabla.

2 Pon en orden las sílabas y encuentra los verbos.

a. SE - BE - RAR - LI
b. TIR - COM - PE
c. CAN - TAR - EN

Superación y expresión

AUDIO ÉLÈVE 22lis433

escuchar los consejos

concentrarse

participar en

expresarse

desconectar de todo

liberarse

superarse

competir

prepararse

entrenarse

LENGUA

MI GRAMÁTICA

Exercices à imprimer
hatier-clic.fr/22lis4304

1 *Gustar, encantar* (construction)

Que remarques-tu à propos du verbe *gustar* ? Quel verbe français a la même construction ?

Le verbe ***gustar*** se construit comme le verbe français « plaire ». Donc, attention à bien l'accorder : *gusta* si le sujet est singulier, *gustan* si le sujet est pluriel.

Me gusta el cine. Me gustan las películas.

❗ Le sujet est placé après le verbe.

D'autres verbes comme *encantar* ou *chiflar*... se construisent de la même façon.

Les pronoms compléments obligatoires	+ le verbe	+ le sujet (singulier ou pluriel)
Me		
Te	*gusta*	la música /
Le		cocinar
Nos	*gustan*	las historias
Os		
Les		

1 Observe et complète les phrases.

a. Me gust... el piano.
b. Nos gust... los deportes.
c. Les gust... cantar.

2 À partir des éléments, construis des phrases.

a. Encantar / les / las ciencias.
b. Gustar / juegos de mesa / nos.
c. El rap / os / chiflar.

2 *Gustar, encantar* (la formule d'insistance)

Pour insister sur la ou les personnes qui aiment, qu'as-tu observé en espagnol ?

En espagnol, pour insister, on peut utiliser la préposition ***a*** + les pronoms personnels compléments ***mí***, ***ti***, ***él***, ***ella***, ***nosotros***, ***nosotras***, ***vosotros***, ***vosotras***, ***ellos***, ***ellas***.

Les pronoms avec prépositions	Les pronoms sans préposition	Le verbe + le sujet
A mí	*me*	encanta
A ti	*te*	el rap
A él/ella/usted	*le*	
A nosotros/nosotras	*nos*	encantan
A vosotros/vosotras	*os*	los
A ellas/ellos/ustedes	*les*	conciertos

1 Complète les blancs.

a. A ... , me gust... mucho el flamenco.
b. Al niño, ... gust... los dibujos animados.
c. A ... , os gust... las lenguas extranjeras.
d. A ... , te encant... viajar.
e. A ellos, ... chifla... los churros.

2 Construis quatre phrases pour parler de tes goûts avec la formule d'insistance.

a. Gustar
b. Encantar
c. Chiflar
d. Apasionar

3 Le futur (verbes réguliers)

En français pour former le futur on rajoute à l'infinitif les terminaisons du verbe « avoir ». Et en espagnol ?

En espagnol, pour former le futur, on rajoute à l'infinitif ***-é***, ***-ás***, ***-á***, ***-emos***, ***-éis***, ***-án***, terminaisons de l'auxiliaire *haber* au présent (*he*, *has*, *ha*, *hemos*, *habéis*, *han*). Les terminaisons sont les mêmes pour les trois groupes.

Cantar	Ser	Competir
cantaré	*seré*	*competiré*
cantarás	*serás*	*competirás*
cantará	*será*	*competirá*
cantaremos	*seremos*	*competiremos*
cantaréis	*seréis*	*competiréis*
cantarán	*serán*	*competirán*

1 Conjugue les verbes au futur.
a. Nosotros (participar) ... en competiciones.
b. Ellas (aprender) ... mucho.
c. Tú (ser) ... un campeón.
d. Yo (trabajar) ... para mejorar.

2 Transpose les phrases au futur.
a. Canto nuevas canciones. → Mañana ...
b. Ella es una campeona. → El año próximo ...

4 Le futur (verbes irréguliers)

Tu connais des verbes irréguliers au futur en espagnol ? Cites-en au moins deux !

En espagnol, il existe des verbes irréguliers au futur, que l'on peut classer par familles :
- *Tener, poder, salir: tendré, podré, saldré...*
- *Hacer, querer: haré, querré...*
- *Haber, saber: habré, sabré...*

Les terminaisons sont les mêmes que pour les verbes réguliers : ***-é***, ***-ás***, ***-á***, ***-emos***, ***-éis***, ***-án***.

Remarque : les composés de ces verbes ont la même irrégularité : *obtendré...*

1 Mets les verbes au futur.
a. El año proximo, yo (poder) ... nadar mil metros.
b. En el futuro, ella (obtener) ... más medallas.
c. Mañana, vosotros (saber) ... el resultado del concurso.
d. El verano que viene tú (hacer) ... mucho deporte.

2 Transpose ces phrases au futur.
a. Yo sé hacer surf.
b. Nosotros tenemos tiempo para practicar.
c. Ellos pueden superar su minusvalía.

SONIDOS DEL ESPAÑOL

AUDIO ÉLÈVE 22lis434

Pronuncio la « s »

→ **Le s en espagnol se prononce toujours comme une consonne sourde.**

Escucha y repite.

pasión - música - superarse - soñar - gustar - presentar - surf - concurso - expresión

Escucha el trabalenguas

¡Sopla y silba el viento:
Silvio y Silvina surfearán
este sábado en Santander!

¡ENTRÉNATE!

+ prof
Grille d'évaluation

Comprensión auditiva

Je peux comprendre un témoignage simple sur les goûts.

VIDEO PROF. 3.3

***Héroes*, documental sobre *el parkour*, 2020**

Observa el vídeo, indica la respuesta correcta y completa oralmente la frase.

a. Al chico n°1, le gusta *relajarse / fliparse / ser constante*.

b. Al chico n°1 le gusta *ver cosas increíbles y también soñar / correr y también ganar*.

c. La novia del chico n°2 *también / tampoco* practica *Parkour*.

d. Al chico n°2, *le gusta / le encanta / le mola* compartir esta afición con su novia.

e. En los Juegos Olímpicos de Tokyo ...

Comprensión lectora

Je peux comprendre un texte court qui parle d'événements futurs.

–¿Volverás a organizar[1] la batalla de bandas?
–¡Por supuesto! ¡Estoy seguro de que esta ciudad está llena de talento!
Bill celebra una batalla de bandas en el Brandom todos los meses. Músicos de todo tipo se reúnen aquí para tocar sus mejores canciones e intentar cautivar al público. Al final de la noche, mi jefe elige[2] al ganador, que tendrá la oportunidad de actuar[3] en el bar todos los fines de semana durante el resto del mes. El proceso se repite dos veces al año.

Inma Rubiales, *Cántame al oído*, 2021.

1. *tu réorganiseras* 2. *choisit* 3. *jouer*

Lee el texto y di si las afirmaciones son verdaderas o falsas.

a. Se organizará una batalla de música.

b. Los músicos tocarán y cautivarán al público.

c. El público elegirá al ganador.

d. Los ganadores tendrán la oportunidad de actuar en el bar dos veces al año.

Expresión oral

Je peux échanger sur les goûts.

Imagina un diálogo entre Javier y Andrea. Utiliza las expresiones de los gustos, también y tampoco.

Expresión escrita

Je peux faire une brève au futur.

VIDEO PROF. 3.4

Descubre los Juegos Panamericanos

Mira el vídeo y escribe un pequeño artículo (5 líneas) al futuro para anunciar los Juegos Panamericanos. Indica la fecha, el lugar y algunos deportes representados.

¡MANOS A LA OBRA!

PROYECTO 1

INDIVIDUAL

Presento mi candidatura a un concurso de talentos.

ETAPA 1 Preparación (en casa)

→ Piensa en tus gustos, talentos o pasiones.

→ Imagina lo que harás durante tu actuación.

ETAPA 2 Realización (en clase)

→ Preséntate con precisión.

→ Indica tus gustos y tu talento (puedes inventar).

→ Explica lo que harás durante tu actuación. Utiliza el futuro.

→ Envía tu candidatura por correo electrónico a tu profesor con el asunto siguiente: «#expresatutalento». pix

PROYECTO 2

EN GRUPO

Creamos y jugamos a nuestro quizz «Tod@s tenemos talento».

ETAPA 1 Preparación (en casa)

→ Prepara 4 cartas con 4 preguntas relacionadas con la unidad:

- Dos cartas utilizando la expresión de los gustos.
- Una carta «conjugación» para utilizar el futuro.
- Una carta «cultural» con una pregunta.

ETAPA 2 Realización (en clase)

→ Tu profesor(a) corrige las cartas.

→ Luego, se reparten las cartas y ¡list@s para jugar a vuestro quizz!

Unidad

4 Mi amigo, mi amor

El amor y la amistad: ¿sentimientos profundos?

Je serai capable de ...

- comprendre une courte vidéo sur un thème connu.
- comprendre un texte court sur l'amour et l'amitié.
- parler simplement d'une relation amicale.
- écrire un message court pour exprimer des souhaits sur un thème familier.

PROYECTOS FINALES

EN GRUPO
Participamos en un programa de radio sobre la amistad.

INDIVIDUAL
Creo un cartel para el día de la amistad y el amor.

Vidéo
hatier-clic.fr/22lis4501

***Anónima*, película y serie mexicana (2021)**

¿Qué relación hay entre estos dos jóvenes?

Comprende

- te equivocaste de número: *tu t'es trompé de numéro*
- seamos anónimos: *restons anonymes*
- guardado : *enregistré*
- engreído: *prétentieux*

Annie Cabello y Ralf Morales en una escena de *Anónima*.

A buen amigo, buen abrigo

Comprensión auditiva

Comprende

- el apoyo: *le soutien*
- los seres cercanos: *les proches*
- los novios: *les fiancés*
- dedicar tiempo: *consacrer du temps*
- te sientes pleno(a): *tu te sens comblé(e)*

Exprésate

- un corazón: *un cœur*
- disfrutar: *profiter*
- ayudar: *aider*
- compartir buenos/malos momentos
- ser feliz / sincero(a)
- confiar en
- respetar

A ¡Feliz día del amigo!

VIDEO PROF. 4.1

Día del amor y de la amistad. Para ti, ¿qué es el amor?

1. Presenta el vídeo e identifica el tema: ¿qué celebran?
2. Para cada adolescente, el amor es... . Cita las diferentes definiciones.
3. Para ti, ¿qué es el amor?

B Un amigo, un tesoro

AUDIO PROF. 4.1

Canal Sur Radio, Andalucía

1. Escucha y presenta el documento: ¿quién habla? ¿De qué se trata?
2. Para la locutora, un amigo es...
3. Presenta al oyente que llama y habla de su amigo (nombres, ciudad, relación...).
4. Para ti, ¿qué es un amigo(a)?

Fiche différenciation
hatier-clic.fr/22lis4502

Exprésate

- un programa de radio
- un(a) locutor(a): *un(e) animateur(trice) de radio*
- un(a) oyente: *un(e) auditeur(trice)*

Comprende

- tú eliges: *tu choisis*
- te regaña: *te gronde*
- que pongan nombre: *que vous nommiez*
- en las buenas, en las malas: *dans les bons et les mauvais moments*

Mi gramática

p. 58

Le subjonctif présent (verbes réguliers)
*Abrimos los teléfonos **para que** la gente **hable** hoy de la amistad.*

Conjuga en subjuntivo.
a. Necesitas a un amigo para que te (escuchar/él) ... .
b. Queremos que nuestras amigas (disfrutar) ... con nosotras.
c. Quiero que (compartir/nosotros) ... buenos momentos juntos.

Expresión oral

Quiero que me quieras

C Quiero que tú y yo seamos uno

Gaturro, Nick

1. *que nous sortions nous promener* 2. *très souvent*

Exprésate

- un amor no correspondido
- una pareja: *un couple*
- estar enamorado(a) de
- amar = querer
- dejar en paz / tranquilo(a)
- molestar: *déranger*
- estar harto(a): *en avoir assez*

1. ¿Qué quiere Gaturro? ¿Qué siente por Ágatha?

2. Compara el comportamiento de Gaturro con el de Ágatha. Explica por qué.

3. Imagina lo que quiere la gata: yo (no) quiero que ...

D Quiero que sepas que te quiero

1. Presenta el documento. ¿Qué celebran y cuándo? Explica la tradición.

2. La chica le regala un libro a su vecina para que ella ...

3. Imagina lo que se dicen los vecinos: quiero que tú / nosotros ...

Exprésate

- un cartel
- una rosa
- un edificio: *un immeuble*
- un(a) vecino(a): *un(e) voisin(e)*
- abrazar: *prendre dans ses bras*
- regalar= ofrecer
- sonreír

Rosa Calafell, *El gran libro de San Jordi*, 2021

¿LO SABES?

El 23 de abril se celebra en Cataluña la «Sant Jordi»: ese día, tradicionalmente, los hombres regalan una rosa a su amada y las mujeres a ellos, un libro.

Mi gramática p. 58

Le subjonctif présent (verbes irréguliers)

*Quiero que tú y yo **seamos** uno.*

Conjuga en subjuntivo.

a. Gaturro quiere que Ágatha (salir) ... con él.

b. Los novios quieren que la Sant Jordi (ser) ... inolvidable.

c. Yo quiero que tú (ver) ... que te amo.

Mini PROYECTO

INDIVIDUAL Escribo dos deseos en un papel en forma de corazón y los pongo en la «caja de la amistad» en clase. Al final, cada alumno(a) leerá un deseo. Utilizo «querer que» + subjuntivo.

Comprensión lectora

Nos relacionamos

A Quiero estar contigo

En su nuevo colegio, Iván habla con su amigo Emilio.

–No quiero que acabéis mal[1] por mi culpa.

–[...] No quiero que te hagan daño[2]. Aunque[3] no me creas, quiero ser tu amigo [...] Quiero que tú y yo seamos buenos amigos, porque me estoy encariñando contigo[4]. [...] No quiero verte sufrir [...]. Yo sólo quiero estar contigo [...]

–Yo también quiero ser tu amigo y estar contigo. Me gusta que compartamos tiempo –dijo Iván–, pero no quiero fastidiar[5] tu amistad con Quique y los otros. Al fin y al cabo, los conoces de antes.

Eduardo García Cabestreros, *El árbol de la tristeza*, 2021

1. *que vous vous fâchiez* 2. *qu'ils te fassent du mal* 3. *Même si* 4. *je suis en train de m'attacher à toi* 5. *déranger*

1. Emilio (no) quiere que ...
2. ¿Por qué quiere Emilio ser amigo de Iván?
3. A Iván le gusta que su amigo ... pero no quiere ...
4. Imagina la respuesta de Emilio para continuar el diálogo: ¡No te preocupes! Yo también quiero que ... porque ...

Exprésate

- conmigo / contigo / con él / con ella
- cariñoso(a): *affectueux(euse)*
- el cariño: *l'affection*
- juntos(as): *ensemble*

B Estoy enamorada

Sofía habla con Lele, su abuela.

–Seba es amigo de Ethel, y trabaja conmigo. Estoy... ¡estoy enamorada! ¡Tenemos tantas cosas en común!

–Ya, ¿pero qué? ¿Sois novios o... ?

–No, no, Lele, solo hemos salido en plan amigos, pero nada más.

–Ah, bueno, niña, porque tú eres eso, una niña aún para andar de novios[1].

–Lele, no seas ridícula, ¡tengo casi quince años!

–Mientras vivas en esta casa, para ti nada de novios, ¿has oído? [...]

–Ya sé Lele. ¡Dime algo que no sepa! le contesté furiosa.

–Ah, ¿quieres algo que no sepas? [...]

–¿Qué?, pregunté, dudosa.

–Ya, es que hace un tiempo que estoy de novia[2].

Cecilia Curbelo, *Las dos caras de Sofía*, 2012

1. *encore jeune pour sortir avec des garçons* 2. *je suis en couple*

1. Presenta a Sofía, Lele y Seba. ¿Qué siente Sofía por Seba? ¿Por qué?
2. ¿Sofía y su abuela comparten la misma opinión? Justifica.
3. La abuela no quiere que Sofía ... porque ...
4. Al final, ¿qué secreto le confiesa la abuela a Sofía?

Exprésate

- demasiado : *trop*
- tener un(a) novio(a)
- confesar [ie]: *confier, avouer*

Mi gramática

p. 59

***Querer que / gustar que* + subjonctif**

*Me gusta que **compartamos** tiempo.*

*Quieres algo que no **sepas**.*

Conjuga los verbos usando el subjuntivo.

a. Me gusta que tú me ... secretos. (confesar)

b. Mi novio quiere que yo ... más tiempo con él. (pasar)

c. Quiero que ellos ... a pasear. (salir)

Amar es compartir

Exprésate

- una estación de tren
- coger el metro
- enviar mensajes
- estar decepcionado(a)
- ser tímido(a)
- sonrisas: *des sourires*
- seducir

C Amor a primera vista

VIDEO PROF. 4.2

Miradas que hablan, 2018

Comprende

- miradas: *regards*
- eres de por aquí: *tu es d'ici*

1. Di dónde pasa la escena, quiénes son los personajes y qué están haciendo. ¿Por qué es original el cortometraje?
2. El chico quiere que ...
3. ¿Cómo se sienten los personajes? Explica con elementos del vídeo.

1. *que les habitants de Tuluá unissent*

D Promovemos el amor y la amistad

1. Presenta el documento (tipo de documento, la fecha y el lugar) y descríbelo.
2. ¿A quién se dirige y qué promueve el cartel?
3. Completa: El alcalde quiere que ... para que ...

Exprésate

- el alcalde: *le maire*
- promover [ue]: *promouvoir*
- para que + subjuntivo: *pour que + subjonctif*

Mi gramática

p. 59

Exprimer le but (*para que* + subjonctif)

*Para que este día **sea** único, queremos que los tulueños **unan** sus corazones.*

Conjuga en subjuntivo.

a. Te llamo para que (decir-tú) ... si me quieres.
b. Para que (ser-nosotros) ... felices, compartimos buenos momentos.
c. Guardo los secretos de mi amiga para que (confiar-ella) ... en mí.

Mini PROYECTO

INDIVIDUAL Redacto tres líneas para promover «el día del amor y de la amistad».
Comienzo mi discurso así: «Promuevo el día de la amistad y del amor porque... y para que...»

¡A JUGAR!

JUEGO 1

El corazón de palabras

Encuentra las cinco palabras escondidas.

JUEGO 2

El intruso

Encuentra el intruso.

a. ayudar • respetar • apoyar • molestar

b. estar harto • querer • estar enamorado • amar

JUEGO 3

A calcular

Si me enamoro dos veces al mes durante un año, ¿cuántas veces me enamoro?

UN POCO DE MÚSICA

Vidéo
hatier-clic.fr/22lis4503

Amigo, amiga

Siempre estás cuando te necesito
ya no creo que haga falta aclarar
que sos mi amigo de verdad
cuántos días
cuántas risas
compartimos
por eso he venido a cantar
amigo, amiga
yo quiero que sepas que todos los días
me alegro que estemos en la misma vida
y que volemos junto al sol.

Copadísimos, 2021

Escucha la canción. Puedes intentar memorizar unas estrofas y cantarla tú.

VOCABULARIO

Mapa mental
hatier-clic.fr/22lis4504

El amor y amistad

AUDIO ÉLÈVE 22lis441

un amigo/ una amiga

un novio/una novia

la confianza

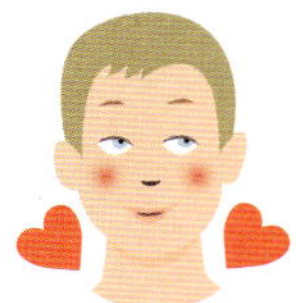
estar enamorado(a)

el apoyo

un corazón

la complicidad

una pareja

un beso

el cariño

PRACTICA

1 Pon en orden las letras para formar palabras.

a. NOIVO
b. YDRAUA
c. RNOCÓAZ
d. ZELFI

2 Lee las definiciones y da la palabra correcta.

a. Sentir amor por una persona.
b. Dos personas que están juntas.
c. Dar algo de uno mismo a los demás.
d. Tratar con consideración a una persona.

Relacionarse

AUDIO ÉLÈVE 22lis442

compartir

respetar

ayudar

ser sincero(a)

amar = querer

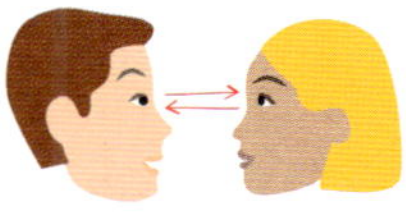
las miradas

las sonrisas

MI GRAMÁTICA

Exercices à imprimer
hatier-clic.fr/22lis4505

1 Le subjonctif présent (verbes réguliers)

Que remarques-tu à propos des terminaisons des verbes réguliers au subjonctif présent ?

Pour former le subjonctif présent des verbes réguliers en -*ar* on rajoute -*e*, -*es*, -*e*, -*emos*, -*éis*, -*en* au radical.
Pour les verbes en -*er* et -*ir* on rajoutera -*a*, -*as*, -*a*, -*amos*, -*áis*, -*an* au radical.

❗ Remarque que les terminaisons sont inversées par rapport au présent de l'indicatif. Les verbes en -*ar* ont une voyelle *e* et les verbes en -*er* et -*ir* ont une voyelle *a*.

Amar	Creer	Vivir
ame	crea	viva
ames	creas	vivas
ame	crea	viva
amemos	creamos	vivamos
améis	creáis	viváis
amen	crean	vivan

1 Conjugue le verbe à la personne demandée.
a. Quiero que tú (escuchar) … mis mensajes.
b. Me alegro de que vosotros me (creer) … .
c. Necesito que tú me (corresponder) … .
d. Quiero que él (vivir) … cerca de mí.

2 Complète les phrases suivantes.
a. Quiero que mi mejor amigo …
b. Necesitas un amigos para que …
c. Quiere que su novio …

2 Le subjonctif présent (verbes irréguliers)

Quels verbes irréguliers au subjonctif présent connais-tu ?

Il y des verbes irréguliers au subjonctif présent.
- Certains se terminent en -*ea* comme *sea* (*ser*) et *vea* (*ver*).
- D'autres se terminent en -*ga*, comme *ponga* (*poner*), *salga* (*salir*), *haga* (*hacer*), *tenga* (*tener*), *diga* (*decir*) car l'irrégularité de la 1re personne du singulier du présent de l'indicatif se transmet à toutes les personnes du subjonctif.

Ser / Ver	Tener	Saber
sea/vea	tenga	sepa
seas/veas	tengas	sepas
sea/vea	tengas	sepa
seamos/veamos	tengamos	sepamos
seáis/veáis	tengáis	sepáis
sean/vean	tengan	sepan

1 Conjugue le verbe à la personne demandée.
a. No creo que tú (tener) … un tesoro.
b. Quiero que tú y yo (ser) … buenos amigos.
c. Quiero que ellos (hacerse) … novios.
d. Me alegro de que tú (ver) … a tu amiga.

2 Construis deux phrases avec les éléments suivants.
a. Ellos / yo / querer que / saber la verdad.
b. Me gusta que / tú/ me / escribir / cartas / y que tú / me / hacer reír.

3 *Querer que / gustar que* + subjonctif

Connais-tu en espagnol des structures qui se construisent avec un subjonctif ?

Comme en français, les tournures qui expriment une **volonté** ou un **sentiment** sont suivies du **subjonctif** en espagnol.

*Quiero que me **escuches**.*
*Me gusta que **tengas** muchos amigos.*

❗ ***Deseo que*** et ***me alegro de que*** se construisent aussi avec une proposition subordonnée au subjonctif :

*Deseo que me **ames**.*
*Me alegro de que **vengas** a verme.*

1 Mets le verbe entre parenthèse au subjonctif.

a. Quiero que ella me (regalar) ... flores.
b. Me gusta que nos (comprar) ... libros.
c. ¿Te gusta que yo (ser) ... tu amigo?
d. Queremos que ellos nos (decir) ... la verdad.
e. Quiere que tú (saber) ... que te aprecia.

2 Complète les phrases suivantes.

a. Quiero que mi mejor amiga ...
b. Me gusta que mis amigos ...
c. Nos alegra que tú ...
d. Desea que su amigo ...

4 Exprimer le but (*para que* + subjonctif)

Pour exprimer le but, que va-t-on utiliser ? A quel mode sera le verbe ?

Comme en français, les subordonnées de **but** sont au **subjonctif**.

*Se organiza el día de la amistad y del amor **para que** todos **estemos** unidos.*

1 Mets les verbes proposés au subjonctif présent.

a. Organizamos una fiesta para que cada uno (ser) ... feliz.
b. Te escuchamos para que (comprender) ... que eres nuestro amigo.
c. Le regala flores para que ella (estar) ... alegre.

2 Complète les phrases avec les verbes proposés. *ver*/ *ser*/ *saber*

a. Te invito a la fiesta para que ... amigos.
b. Le escribe una carta de amor para que ella ... cuánto la quiere.
c. Le da la mano para que todos ... que es su novio.

SONIDOS DEL ESPAÑOL

AUDIO ÉLÈVE 22lis443

Pronuncio la «ñ»

→ **La lettre ñ se prononce « gn ».**

Escucha y repite.

cariño- cariñoso - encariñar - daño - niños - español - regañar - tulueños - años

Escucha el trabalenguas

Mi amiga Begoña regaña con cariño al niño que le hizo un guiño.

¡ENTRÉNATE!

+ prof
Grille d'évaluation

Comprensión auditiva

Je peux comprendre une courte vidéo sur le thème de l'amour.

Vidéo
hatier-clic.fr/22lis4506

Vivo, 2021

Mira el trailer de la película y responde a las preguntas siguientes.
a. ¿Qué representa Marta para Andrés?
b. ¿Qué misión tienen Vivo, Andrés y la niña? Explica.
c. La madre de Gabriela quiere que su hija sepa que el amor siempre...

Comprensión lectora

Je peux comprendre un extrait d'une pièce de théâtre sur le thème de l'amour.

PERLIMPLÍN: *(Acercándose cariñoso*[1]*)* Observo que hablas sola.
BELISA: *(Fastidiada)* ¡Quita!
PERLIMPLÍN: ¿Quieres que demos un paseo[2]?
BELISA: No.
PERLIMPLÍN: ¿Quieres que vayamos a la confitería[3]?
BELISA: ¡He dicho que no!
PERLIMPLÍN: Perdona.

Federico García Lorca, *Amor de don Perlimplín con Belisa en su jardín*, 1933

1. *s'approchant tendrement* 2. *qu'on fasse un tour* 3. *confiserie*

Lee el extracto de la obra de teatro y di si las frases siguientes son verdaderas o falsas. Justifica cuando sea necesario.
a. Perlimplín quiere que Belisa le dé un beso.
b. Belisa quiere que los dos vayan a la confitería.
c. Perlimplín quiere que Belisa le perdone.

Expresión oral

Je peux parler simplement d'une relation amicale.

VIDEO PROF. 4.4

Mi mejor amigo, 2018

Mira el vídeo y exprésate.
a. Di de qué habla el tráiler.
b. ¿Qué relación existe entre los dos chicos? ¿Qué comparten juntos? (3 ideas).
c. Habla de tu mejor amigo(a): sus cualidades, las cosas que hace por ti y lo que compartís juntos.

Expresión escrita

Je peux exprimer des souhaits sur un thème familier.

Imagina lo que dicen la princesa, el caballero y el dragón completando los bocadillos.

¡MANOS A LA OBRA!

PROYECTO 1

EN GRUPO

Participamos en un programa de radio sobre la amistad.

El profesor formará grupos de 5 alumnos(as) y repartirá los roles.

2 locutores

2 invitados

1 oyente

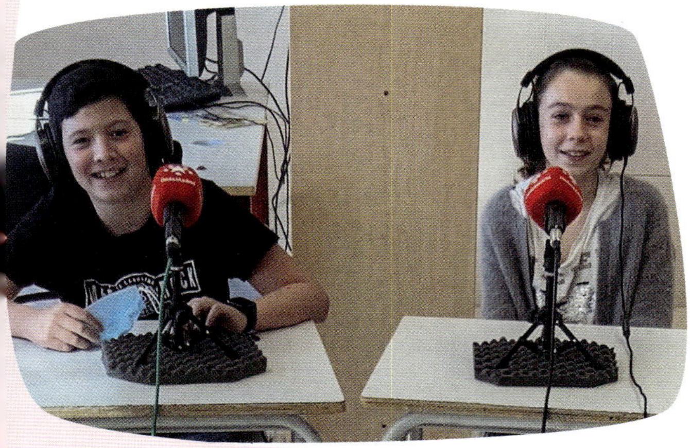

ETAPA 1 Preparación (en casa)

- Los locutores introducirán el programa, prepararán preguntas para los invitados sobre la amistad y darán la palabra a cada uno.
- Los invitados se presentarán y darán su definición de la amistad.
- El oyente se presentará y hablará de su mejor amigo(a).

ETAPA 2 Realización (en clase)

- Los grupos utilizarán el subjuntivo y el léxico de la unidad.
- Los grupos se entrenarán y... ¡listos para actuar!

PROYECTO 2

INDIVIDUAL

Creo un cartel para el día de la amistad y del amor.

ETAPA 1 Preparación (en casa)

- Prepara un cartel con fotos o dibujos sobre el tema de la amistad y del amor.
- Piensa en un logotipo y en un lema.
- Repasa tus lecciones para ser capaz de escribir tus deseos para el día de la amistad.

ETAPA 2 Realización (en clase)

- Realiza tu cartel.
- Dibuja un logotipo y escribe un lema.
- Explica lo que representa para ti el día de la amistad y del amor y por qué es importante.
- Escribe tus deseos para promover este día: Quiero que mi(s) amigos(as)...

Unidad 5

¡Compromé

Salvar el planeta, ¿un problema de todos?

Je serai capable de ...

- saisir l'essentiel d'annonces et de messages clairs sur mon environnement proche.
- comprendre et énoncer des messages courts.
- comprendre les points importants d'un texte sur la défense des animaux.
- écrire un texte sur un sujet actuel.
- faire une présentation claire sur un sujet familier.

PROYECTOS FINALES

INDIVIDUAL
Invento un superhéroe o una superheroína ecologista.

EN GRUPOS
Grabamos un vídeo para una campaña de concienciación.

Ainbo, la guerrera del Amazonas, 2021

Presenta a Ainbo y di cuál es su misión.

Comprende
- cambiar: *changer*
- cazadora: *chasseuse*
- salvar: *sauver*

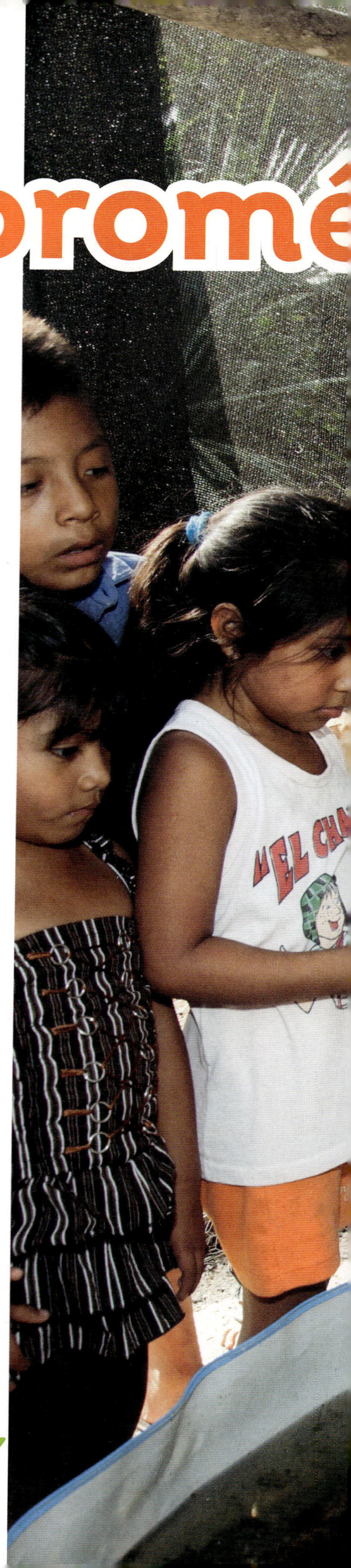

Maritza Morales Casanova, líder ecologista mexicana, explica la acuicultura del caracol a un grupo de niños y niñas en Nuevo Tesoco, México.

tete!

Comprensión auditiva

La generación del cambio

Comprende

- saludable: *sain*
- la supervivencia: *la survie*
- volver atrás: *revenir en arrière*
- reverdecer: *reverdir*
- un río: *une rivière ou fleuve*
- cuidar: *prendre soin*
- hacer las paces: *faire la paix*
- la contaminación: *la pollution*

A Tenemos que unirnos

VIDEO PROF. 5.2

Generación Restauración, ONCE

Exprésate

- plantar árboles / jardines / terrazas
- limpiar: *nettoyer*
- detener: *arrêter*
- desechos: *déchets*
- el cambio de rumbo: *le changement de cap*
- juntos: *ensemble*

1. En el vídeo dicen: «No podemos volver atrás». Pero, ¿qué podemos hacer por nuestro planeta?
2. Completa esta frase, dando tres ideas: Tenemos que hacer las paces con la naturaleza para ...
3. Explica cuáles son los tres fundamentos principales de la economía circular.
4. Explica por qué el vídeo dice la «Generación Restauración».

Fiche différenciation
hatier-clic.fr/22lis4501

B ¡Hay que reaccionar!

Paco Roca, *Puro Perú*, 2019

¿LO SABES?
El 1 de agosto, en la región andina, se rinde tributo a la Pachamama («Tierra Madre» en aymara) para agradecerle todo lo que nos da.

1. ¿Por qué dice la mujer que hay que cuidar a la Pachamama?
2. ¿Qué hay que hacer?

Mi gramática

p. 70

La obligación personal e impersonal
*Nuestra generación **tiene que hacer** las paces con la naturaleza. **Hay que** cuidar a la Pachamama.*

Completa con *tener que* (conjugado) o *hay que*.
a. ... prevenir la catástrofe climática.
b. Por el planeta, todos ... hacer algo.

Defendamos nuestro planeta

C Todos juntos

1. Presenta el documento (tipo, lema, a quién se dirige...) y descríbelo.
2. ¿Cuáles son los consejos que aparecen en el documento?
3. Da otros consejos para defender la Madre Tierra. Utiliza el imperativo.

* Ocupa tu lugar: *prends part*

Exprésate

- un cartel: *une affiche*
- el planeta Tierra
- el sol y la luna
- el cambio climático
- las fábricas: *les usines*
- abrazar: *serrer dans les bras*
- proteger

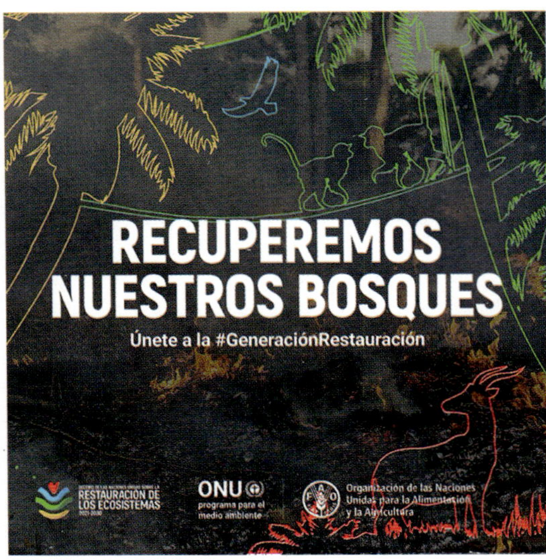

D ¡Únete!

Describe el documento (tipo, eslogan...). Indica las dos acciones que nos invitan a hacer por nuestro planeta.

* humedales: *zones humides*

Mi gramática

p. 70

El imperativo (verbos regulares)
Salvemos al planeta.

Conjuga el verbo en imperativo.

a. ¡...nuestro lugar! (ocupar-nosotros).
b. ¡... a la Pachamama! (proteger-tú).
c. ¡... y luchad! (resistir-vosotros).

Mini PROYECTO

EN GRUPO Organizas una fiesta de la Pachamama. Indica cinco acciones que hay que hacer para cuidarla (utiliza la obligación y el imperativo).
Para cuidar de nuestra Madre Tierra, hay que ...

Comprensión lectora

Salvemos a las tortugas

Liberación de una tortuga en las Islas Baleares

A Están en peligro

Un grupo de voluntarios está limpiando una playa.

ELENA: ¿Qué estás mirando? [...]

RODRIGO: La tortuga [...] ¿La ves? Sigue ahí, atrapada.

ELENA: Va a morir si no hacemos algo [...] Voy a sacarla. [...]

ENRIQUE: Ni se te ocurra[1] [...] No tienes traje[2] de neopreno. [...]

RODRIGO: Pues sálvala tú, que tienes traje. [...]

ENRIQUE: No quiero correr riesgos. Lo siento por la tortuga, pero se va a quedar ahí. [...]

DAMIÁN: Creo que es importante para Elena salvar esa tortuga. Deja que lo haga. Estamos todos aquí, si hay que echar una mano[3] yo no tardaré ni dos segundos en llegar hasta ella. Pero no va a hacer falta[4].

Ana Alonso, *Mares de plástico*, 2020

1. *n'y pense même pas* 2. ici, *combinaison*
3. hay que ayudar 4. no va a ser necesario

1. ¿Quiénes son las personas que aparecen en el texto? ¿Dónde están? ¿Qué están haciendo?
2. ¿Qué problema hay? ¿Qué piensa Elena?
3. Apunta la frase que indica que Enrique no está de acuerdo y por qué.
4. Al final, Damián propone ...

Exprésate

- una bolsa de plástico: *un sac en plastique*
- una botella: *une bouteille*
- un vaso: *un verre*
- una mascarilla: *un masque*
- una pajita, un popote: *une paille*
- tirar: *jeter*

B No contamines el mar

1. *ne salis pas*
2. *va*

1. ¿Qué ves? Presenta el documento y descríbelo.
2. Siguiendo el modelo del cartel, formula dos consejos con la forma negativa.

Mi gramática

p. 71

El imperativo negativo

No ensucies el océano.

Transforma las órdenes en prohibiciones.

a. Salva tú a la tortuga.
b. Bebed refrescos con pajitas.
c. ¡Tira la basura ahí!

Expresión escrita

No des la espalda al planeta

C No olvides

* "La mar" es un término marinero y poético = el mar.

Exprésate

- una playa: *une plage*
- un bosque: *une forêt*
- una tienda: *un magasin*
- una hoguera: *un feu*
- la basura: *les ordures*
- recoger: *ramasser*
- prender fuego: *mettre le feu*
- quemar: *brûler*

AUDIO ÉLÈVE 22lis451

Mantengamos limpio el aire,
también el suelo y el agua,
conservemos nuestra flora
y preservemos la fauna.
Mabel Russo (escritora argentina)

1. ¿Dónde puedes encontrar estos carteles?
2. Elige una foto y descríbela: qué ves, qué mensaje transmite, crees que el mensaje es eficaz. Justifica.
3. De los consejos que ves en los carteles, ¿cuál te parece más importante? Explica por qué.

Mi gramática

p. 71

El imperativo afirmativo y negativo: verbos irregulares
***Mantén** limpia tu playa. **No pidas** bolsas de plástico.*

Conjuga el verbo entre paréntesis en imperativo.

a. Si vas al bosque, (tener-tú) ... cuidado con las hogueras.
b. No (poner-nosotros) ... la basura en el contenedor equivocado.
c. Chicos, no (encender) ... la luz cuando es de día.
d. Para no contaminar los océanos, (pedir-tú) ... el refresco sin pajita.

Mini PROYECTO

INDIVIDUAL En una tarjeta, escribo una pregunta sobre un problema medioambiental y tres soluciones (solo una es verdadera). Podemos juntar todas las tarjetas y jugar al «Trivial de la ecología».

¡A JUGAR!

JUEGO 1

La palabra misteriosa

Para encontrar la palabra misteriosa, descubre primero el código secreto.

Encuentra

la 3ª letra de	la 6ª letra de	la 2ª letra de	la 2ª letra de	la 2ª letra de	la 6ª letra de	la 4ª letra de	la 1ª letra de

JUEGO 2

Diccionario inverso

Encuentra la palabra correspondiente a cada definición. Una pista: todas comienzan por R.

a. Gastar menos recursos y adquirir menos productos.

b. Usar un mismo producto muchas veces.

c. Transformar objetos y residuos ya utilizados en otros nuevos.

JUEGO 3

¡A calcular!

En España, una persona genera cerca de un kilo de basura al día. ¿Cuántos kilos genera una familia de cuatro miembros en un año?

UN POCO DE TEATRO

Nuestro árbol

Un parque. Dos amigos juegan en su árbol favorito, que está rodeado de basura.

ANDRÉS: ¡Hola, abuelita, bienvenida a nuestro árbol!

ABUELA: ¡Hola, chicos! […] Mmm… Me parece que este árbol ya no aguanta tanta basura. […] Estos desperdicios que están aquí acumulados, le hacen mucho daño al árbol. […]

JESSICA: Abuela, ¿qué podemos hacer? Quiero ayudarlo a sanar, es el único sitio que tenemos para jugar.

ABUELA: Deben aprender a no tirar basura por todos lados. […]

ANDRÉS: ¡Jessica, agarremos toda esta basura y llevémosla al bote!

JESSICA: ¡Sí, Andrés!

Jessica y Andrés recogen toda la basura del árbol y la llevan al bote.

ABUELA: No hay que tomarse a la ligera el no recoger los desperdicios. Solo tenemos un mundo, y es este.

Yanett Mora, *El árbol del parque*

- **Aprende el diálogo para representarlo con dos de tus compañeros(as).**

VOCABULARIO

Mapa mental
hatier-clic.fr/22lis4502

Nuestra Tierra

AUDIO ÉLÈVE 22lis452

Pachamama / nuestra Tierra / la naturaleza

el planeta / la Tierra

la fauna

el océano / el mar

la flora

el río

el bosque

la playa

Nuestros compromisos

AUDIO ÉLÈVE 22lis453

defender / proteger / cuidar

salvar

plantar

reutilizar

ahorrar

reciclar

limpiar

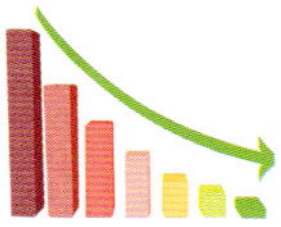
reducir

Los problemas ambientales

AUDIO ÉLÈVE 22lis454

la contaminación / contaminar

el cambio climático

la basura / los desechos

las fábricas

prender fuego / quemar

PRACTICA

1 Adivina, adivinanza.

a. Corro sin cesar, de noche y de día, hasta llegar al mar.
b. Lleno tu ciudad de un aire que no puedes respirar.
c. Vivimos en aire, suelo y mar y creamos la biodiversidad.
d. Es de todos, está enferma y la tengo que cuidar.

2 Busca el verbo que corresponde a los siguientes sustantivos.

a. la protección **c.** el reciclaje
b. la defensa **d.** la salvación

LENGUA

MI GRAMÁTICA

Exercices + à imprimer
hatier-clic.fr/22lis4503

1 L'obligation

Quand emploie-t-on « *tener que* » ? Et quand emploie-t-on « *hay que* » ?

Quand il y a un sujet de personne, exprimé par un pronom ou un nom, on emploie en espagnol ***tener que*** + infinitif.

- ***Tener que*** se conjugue alors à la personne concernée : *(yo) tengo que*, *(tú) tienes que*, etc. On parle d'une obligation personnelle.
- ***Hay que*** signifie « il faut » et reste invariable. Il est utilisé pour parler d'une nécessité générale ou une obligation impersonnelle.

Obligation personnelle	Obligation impersonnelle
Tener que + infinitif	*Hay que* + infinitif

1 Complète les phrases avec l'expression de l'obligation qui convient.

a. … … salvar la tierra.
b. Los adultos … … cuidar la naturaleza.
c. Nosotros, los jóvenes … … participar en el reciclaje.
d. … … reducir el consumo de plástico.

2 Fais des phrases avec l'idée d'obligation.

a. Cuidar los animales / limpiar las playas / yo / y.
b. Tú / ser fuerte/ salvar animales / y.
c. Unirse para / y / reaccionar / salvar el planeta.

2 L'impératif (verbes réguliers)

À l'impératif, que remarques-tu à propos des formes verbales ?

Pour donner un ordre, on utilise l'impératif.
Pour ***tú***, on enlève le **-s** de la 2e personne du singulier au présent de l'indicatif.
Pour ***vosotros*** ou ***vosotras***, on prend l'infinitif du verbe, on enlève le **-r** et on rajoute un **-d**.
Les autres personnes sont empruntées au subjonctif présent.

	Cuidar	Meter	Unir
tú	*cuida*	*mete*	*une*
él, ella, usted	*cuide*	*meta*	*una*
nosotros(as)	*cuidemos*	*metamos*	*unamos*
vosotros(as)	*cuidad*	*meted*	*unid*
ellos, ellas, ustedes	*cuiden*	*metan*	*unan*

! A l'impératif, le pronom complément se colle à la fin du verbe. Il faut parfois rajouter un accent écrit : *sálvala*.

1 Mets les verbes à l'impératif.

a. (limpiar-tú) … y (proteger-tú) … el mar.
b. (consumir-tú) … productos locales.
c. (plantar-vosotros) … árboles.

2 Transpose les phrases à l'impératif.

a. Salvamos el planeta.
b. Preservamos la fauna y la flora.

3 L'ordre négatif (la défense)

Lorsqu'un ordre est donné à la forme négative, quelle forme verbale est utilisée ?

Pour donner un ordre négatif ou formuler une défense, on emploie en espagnol ***No*** **+ verbe au subjonctif présent.**

Rappel du subjonctif présent :

- Les verbes réguliers en -*ar* ont des terminaisons -*e*, -*es*, -*e*, -*emos*, -*éis*, -*en*.
- Les verbes réguliers en -*er* et -*ir* ont des terminaisons en -*a*,- *as*, -*a*, -*amos*, -*áis*, -*an*.

1 Mets les phrases suivantes à l'ordre négatif.

a. Tirar basura en las playas / Vosotros.
b. Comer productos cultivados con pesticidas / Tú.
c. Consumir productos malos para la salud / Nosotros.

2 Avec les éléments proposés, imagine et rédige 4 ordres négatifs à la deuxième personne du singulier (tú).

Tirar desechos al mar / contaminar el aire / beber en botellas de plástico / vivir sin cuidar la Tierra.

4 L'impératif (verbes irréguliers)

Connais-tu des verbes irréguliers à l'impératif ?

Quelques verbes sont irréguliers à la deuxième personne du singulier à l'impératif.

Retiens cette phrase : « *PON-TEN-VEN-HAZ-SAL-VE-DI-SÉ* ». Les verbes composés à partir de ces verbes ont la même irrégularité.
***Mantén** limpia la playa. **Propón** soluciones.*

Pour l'ordre négatif des verbes irréguliers, il faut prendre la forme irrégulière au subjonctif présent.
*No **hagas** fuego. No **seas** incívico.*

1 Conjugue les phrases suivantes à l'impératif à la deuxième personne.

a. Poner atención al reciclar.
b. Ser solidario.
c. Salir a limpiar las playas.
d. Decir a todos que ahorren energía.

2 Passe de l'ordre affirmatif à la défense.

a. Haz fuego en el bosque.
b. Pide una pajita.
c. Pon el papel en ese contenedor.

SONIDOS DEL ESPAÑOL

AUDIO ÉLÈVE 22lis455

Pronuncio la «j» y la «g» + e/i

→ Le j ou le g + e ou i se prononcent du fond de la gorge, alors que le g + a, o, u se prononce comme en français.

Escucha y repite.

generaciones - joven - hijos - mejor - proteger - tortuga -lugar - fuego - agua - ecología

Escucha el trabalenguas

Di a todas las generaciones
que protejan las tortugas
y no contaminen el agua.

¡ENTRÉNATE!

+ prof
Grille d'évaluation

Comprensión auditiva

Je peux comprendre une annonce sur mon environnement proche.

VIDEO PROF. 5.3

Forestín, Ministerio de Agricultura, Chile, 2021

1. Elige la respuesta correcta.

a. Forestín dice que hay que cuidar: *la flora y la fauna* / *la flora y la pesca* / *los mares y océanos*.

b. Los bosques ayudan a: *tener sombra* / *mitigar los efectos del cambio climático* / *pasar buenas vacaciones*.

2. Selecciona los consejos que oyes.

mantén limpio el bosque • no prendas fuego al aire libre • no tires basura • no quemes desechos

Comprensión lectora

Je peux comprendre un texte sur un sujet actuel : la planète.

Si miramos un momento a nuestro alrededor, [...] entre el calzado[1], el reloj, las gafas, el móvil y el bolígrafo, [...] nos damos cuenta de que renunciar por completo al plástico es imposible. [...] Reutilicemos una y otra vez los residuos plásticos. [...] Reciclemos, reinventemos y creamos que, entre todos, es posible el cambio. El desafío[2] es deshacerse[3] de las pajitas de plástico, empecemos con esto. [...] Hagamos que el movimiento sea imparable [...] Es cosa de todos, es un movimiento planetario que tiene solución si decides unirte desde este mismo instante.

Isabel Jiménez, *Y tú, ¿qué harías para salvar el planeta?*, 2020

1. *les chaussures* 2. *le défi* 3. *se débarrasser*

¿Verdadero o falso? Justifica tu respuesta con elementos del texto.

a. Muchos objetos como el calzado, el reloj, las gafas, el móvil tienen plástico.

b. No tenemos que reutilizar los plásticos.

c. Hay que empezar deshaciéndose de las pajitas.

d. Según el texto, no debemos unirnos todos al desafío.

Expresión escrita

Je peux exprimer un message court à l'impératif sur le thème de la planète.

No dejes huellas de tu paso.
Llévate tu basura contigo.
Recoge los residuos que encuentres, así ayudas a proteger el entorno.

Campaña «Un buen caminante no deja huellas», 2018

Escribe cuatro consejos para cuidar el medioambiente (dos con el imperativo afirmativo y dos con el negativo).

Expresión oral

Je peux faire une présentation claire sur un sujet familier : l'environnement.

Inventa una cuña radiofónica dirigida a los jóvenes de tu edad con dos acciones que hay que hacer para cuidar el planeta.

¡MANOS A LA OBRA!

PROYECTO 1

INDIVIDUAL

Invento un superhéroe o una superheroína ecologista.

ETAPA 1 Preparación (en casa)

- Inventa el personaje: elige un nombre, su edad, su especie (humano, extraterrestre, animal...), su descripción física y sus poderes.
- Dibuja el personaje en un papel e imagina la causa ecologista que elige para salvar el planeta: reducción de plásticos y reciclaje, lucha contra la contaminación, protección de bosques y océanos...

ETAPA 2 Realización (en clase)

- Crea tu cómic de tres o más viñetas (presentación del personaje, causa por la que lucha y consejos para conseguir su objetivo). Puedes dibujarlo en papel o utilizar un generador de cómics como Pixton e imprimirlo en la sala de informática. pix
- Presenta a tu personaje y su historia a la clase. Podéis hacer una exposición con todos los personajes en el aula.

Chemoc, el superhéroe mexicano que quiere salvar la Tierra.

PROYECTO 2

EN GRUPO

Grabamos un vídeo para una campaña de concienciación.

ETAPA 1 Preparación (en casa)

- En grupos de 4, buscad el tema de vuestra campaña (plástico, reciclaje, incendios...).
- Inventad un eslogan utilizando el imperativo y/o la obligación. Tiene que empezar con #.
- Redactad vuestro guión para el vídeo: escribid 10 frases, usando el imperativo afirmativo y negativo (5) y la obligación personal (3) y la impersonal (2).

ETAPA 2 Realización (en clase)

- Grabad vuestro vídeo de forma natural sin leer el texto. pix
- Pasadlo a una memoria USB y dádsela a vuestro(a) profesor(a).

Unidad 6

¡Detectives en acción!

¿ En equipo avanzamos mejor?

Je serai capable de ...

- comprendre l'essentiel d'une vidéo simple et courte parlant d'une enquête.
- comprendre un court article de presse au passé.

ESCAPE GAME

PROYECTO FINAL

EN GRUPO

UN ROBO MISTERIOSO EN LA ALHAMBRA

VIDEO
PROF. 6.1

El detective ecológico

¿Cuál es vuestra misión? ¿Qué ha pasado?

Comprende

- delincuente ambiental
- comportamiento dañino: *comportement nuisible*

Investigando en la Alhambra de Granada

Comprensión oral

¿Qué ha pasado?

Comprende

- han robado: *ils ont volé*
- una joyería: *une bijouterie*
- joyas: *des bijoux*
- un caso: *une affaire*
- los ladrones: *les voleurs*
- los sospechosos: *les suspects*

A Detectives por unas horas

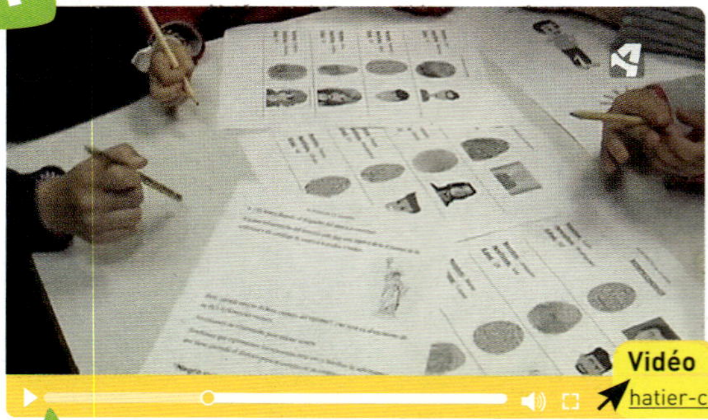

Pequeños detectives en acción

Exprésate

- investigar: *enquêter*
- resolver [ue]: *résoudre*
- sabotear: *saboter*
- buscar: *chercher*
- una pista: *un indice*

Pédagogie différenciée

Itinerario A

1. Completa: Los niños son ... y están ...
2. ¿Qué han robado los ladrones?
3. ¿Te parece difícil este caso? Cita las tres pistas que tienen los niños. ¿Has encontrado tú la solución?

Itinerario B

1. Presenta a los niños y di qué están haciendo.
2. ¿Han pensado en las pistas y los sospechosos?
3. Los niños tienen una pista: ¿Parece fácil la investigación? ¿Has adivinado tú el enigma?

4. Eres un(a) alumno(a) de esta escuela y explicas lo que has hecho. Hoy en clase, he ...

Expresión oral

B Casos para resolver

1. Presenta el documento.
2. Describe a los personajes.
3. Imagina lo que han hecho los detectives.

Exprésate

- una portada: *une couverture*
- el traje: *le costume*
- una lupa: *une loupe*
- hacer (hecho p. passé) : *faire (fait)*
- resolver (resuelto p. passé) : *résoudre (résolu)*
- una investigación : *une enquête*

Mi gramática

p. 78

Pretérito perfecto compuesto (participio regular)
No ***han saboteado*** *nada.*

Conjuga los verbos en pretérito perfecto compuesto.

a. El ladrón (robar) ... joyas.
b. Los detectives (leer) ... el enigma.
c. Las pistas (permitir) ... a la policía resolver el caso.

Comprensión escrita

Han resuelto el enigma

C El cuadro robado

EL PAÍS

Cultura

La polícia griega[1] encuentra en Atenas un cuadro de Picasso robado hace nueve años

'Cabeza de mujer', un regalo del pintor español al pueblo griego, ha sido recuperado junto a[2] una pieza de Mondrian sustraída[3] en el mismo robo en la Galería Nacional de la capital.

elpais.com, 29/06/21

1. *grecque* 2. *à côté de* 3. *soustraite*

1. Presenta el documento.
2. Precisa el lugar del suceso y explica qué ha pasado con el cuadro de Picasso.
3. ¿Qué ha hecho la policía?
4. En tu cuaderno, imagina otro título para este artículo de prensa en pretérito perfecto.

Exprésate

- un encabezamiento: *un chapeau (de texte ou d'article de presse)*
- un artículo de prensa
- un periódico: *un journal*
- sacado de: *tiré de*
- detener [ie]: *arrêter*
- descubrir (p.passé: *descubierto)*

D Un delito casi perfecto

Un obrero griego[1] ha resultado[2] ser el cerebro de un robo de película. Su botín[3], un cuadro de Picasso titulado "*Cabeza de Mujer*", que ha sido recuperado por la Policía nueve años después. Podría haber sido un delito perfecto. Entrar a la Galería Nacional de Atenas y coger varias obras de arte sin ser interceptado, sin dejar huellas[4], en pocos minutos. Sin embargo, el tiempo y la dificultad para vender en el mercado negro un cuadro de tanto valor han permitido a las autoridades recuperar dos de las obras robadas [...] El presunto[5] ladrón ha dicho que el único motivo para el robo [...] fue poder poseer una gran obra de arte.

***Cabeza de mujer*, Picasso, 1939**

1. *un ouvrier grec* 2. *s'est avéré* 3. *son butin* 4. *sans laisser de traces* 5. *présumé*

cubasi.cu/es/noticia

1. ¿Qué ha logrado la policía griega?
2. ¿Cómo ha hecho el ladrón para robar la obra?
3. Explica por qué el ladrón ha robado el cuadro de Picasso.
4. A la manera del periodista, cuenta lo que ha pasado en Grecia.

¿LO SABES?

Pablo Picasso es un famoso pintor español del siglo XX. Nace en Málaga en 1881 y muere en Mougins, Francia, en 1973.

Mi gramática p. 78

Pretérito perfecto compuesto (participios irregulares)

*El ladrón **ha dicho** que el motivo del robo fue poseer una gran obra de arte.*

Conjuga los verbos en pretérito perfecto compuesto.

a. La policía (descubrir) ... al ladrón.
b. Los detectives (ver) ... pistas importantes.
c. ¿Tú (hacer) ... la investigación?

Mini PROYECTO

INDIVIDUAL Para un periódico español o latinoamericano, escribo un encabezamiento que anuncia un robo (utilizando el pretérito perfecto compuesto).

LENGUA

MI GRAMÁTICA

Exercices à imprimer
hatier-clic.fr/22lis4602

1 Le passé composé (verbes réguliers)

Comment se forme le passé composé en espagnol ? Et quand l'emploie-t-on ?

Formation : ***haber*** au présent de l'indicatif + participe passé du verbe (invariable).
Formation du participe passé :
- verbes en -*ar* : radical + -*ado*,
- verbes en -*er* et -*ir* : radical + -*ido*.

Ce temps est utilisé pour parler d'une action commencée dans le passé mais qui n'est pas révolue et a encore une incidence sur le présent.

yo	*he*	
tú	*has*	+ *robado*
él, ella, usted	*ha*	
nosotros(as)	*hemos*	+ *sido*
vosotros(as)	*habéis*	
ellos, ellas, ustedes	*han*	+ *permitido*

1 Conjugue les verbes au passé composé.
a. Nosotras (encontrar) ... pistas.
b. Esta noche, tú (oír) ... al ladrón.

2 Construis deux phrases au passé composé.
a. Entrar en / el museo / los ladrones/ hoy.
b. Tú / recuperar la obra / conseguir.

2 Le passé composé (verbes irréguliers)

En espagnol, quels passés composés irréguliers connais-tu ? Remarques-tu des similitudes ?

En espagnol, il y a des participes passés irréguliers qui se terminent de la même façon et d'autres avec des terminaisons très différentes.

decir → *dicho*
hacer → *hecho*
resolver → *resuelto*
volver → *vuelto*
descubrir → *descubierto*
ver → *visto*

1 Donne le participe passé des verbes suivants.
a. ir
b. ser
c. ver
d. hacer
e. decir
f. devolver

2 Transpose les phrases au passé composé.
a. La policía resuelve el enigma.
b. Vosotros descubrís al culpable.
c. Yo adivino quién es el ladrón.
d. Tú ves las huellas.

SONIDOS DEL ESPAÑOL

AUDIO ÉLÈVE 22lis461

Pronuncio la «elle» que se escribe «ll».
→ **Le l double se prononce « li ».**

Escucha y repite.
llegar - llamar - huellas - medalla - llave

Escucha el trabalenguas
El patio lleno de huellas llama la atención de Mirella... Pero la lluvia las borra pronto, ¡qué rollo!

VOCABULARIO

Mapa mental
hatier-clic.fr/22lis4603

La investigación

AUDIO ÉLÈVE 22lis462

el enigma

la investigación

el robo

un delito

las pistas

la lupa

las huellas

Los personajes

AUDIO ÉLÈVE 22lis463

el ladrón / la ladrona

el/la delincuente

un(a) agente secreto(a)

un(a) detective

el/la policía

Las acciones

AUDIO ÉLÈVE 22lis464

detener

buscar

robar

descubrir

resolver

investigar

encontrar

PRACTICA

1 Busca el intruso.

a. el robo • la película • la pista
b. la lupa • la huella • robar
c. el detective • la policía • el ladrón

2 Asocia las definición y las palabras.

a. Todos me buscan.
b. Llevo un uniforme.
c. La utilizo para ver mejor.

1. la lupa
2. el ladrón
3. el policía

PROJET
ESCAPE GAME

EN GRUPO

Bande-annonce
hatier-clic.fr/22lis4604

Fiche à imprimer
hatier-clic.fr/22lis4605

UN ROBO MISTERIOSO EN LA ALHAMBRA

Tenéis 50 minutos para resolver el misterio de la Alhambra.

¡Un trozo de azulejo ha desaparecido! ¡La Alhambra está en peligro! ¿Quién es el culpable?
Nos hemos puesto en contacto con una agencia de detectives especializada: ¡la tuya! Para encontrar al ladrón, realizaréis diferentes misiones en lugares emblemáticos de la Alhambra.

Es una investigación delicada y difícil, pero confiamos en vosotros. Nadie puede salir ni entrar en la Alhambra… así que el culpable está allí, en alguna parte del palacio.
Tú y tus compañer@s vais a seguir las pistas que os conducirán hasta él. Vais a viajar por los jardines construidos por los árabes en los siglos XIII-XV.

¡Contamos con vosotr@s!

La Alhambra es la **ciudad, fortaleza** y palacio erigida por los monarcas de la dinastía Nazarí del Reino de **Granada**. Es el monumento **más visitado de España** y la obra cumbre del **arte musulmán** en Europa. La Alhambra fue declarada **Patrimonio de la Humanidad** en 1984. Su nombre (*Al-Hamra*, roja en árabe) procede del color de sus muros fabricados con la arcilla del terreno, de ahí su color rojizo.

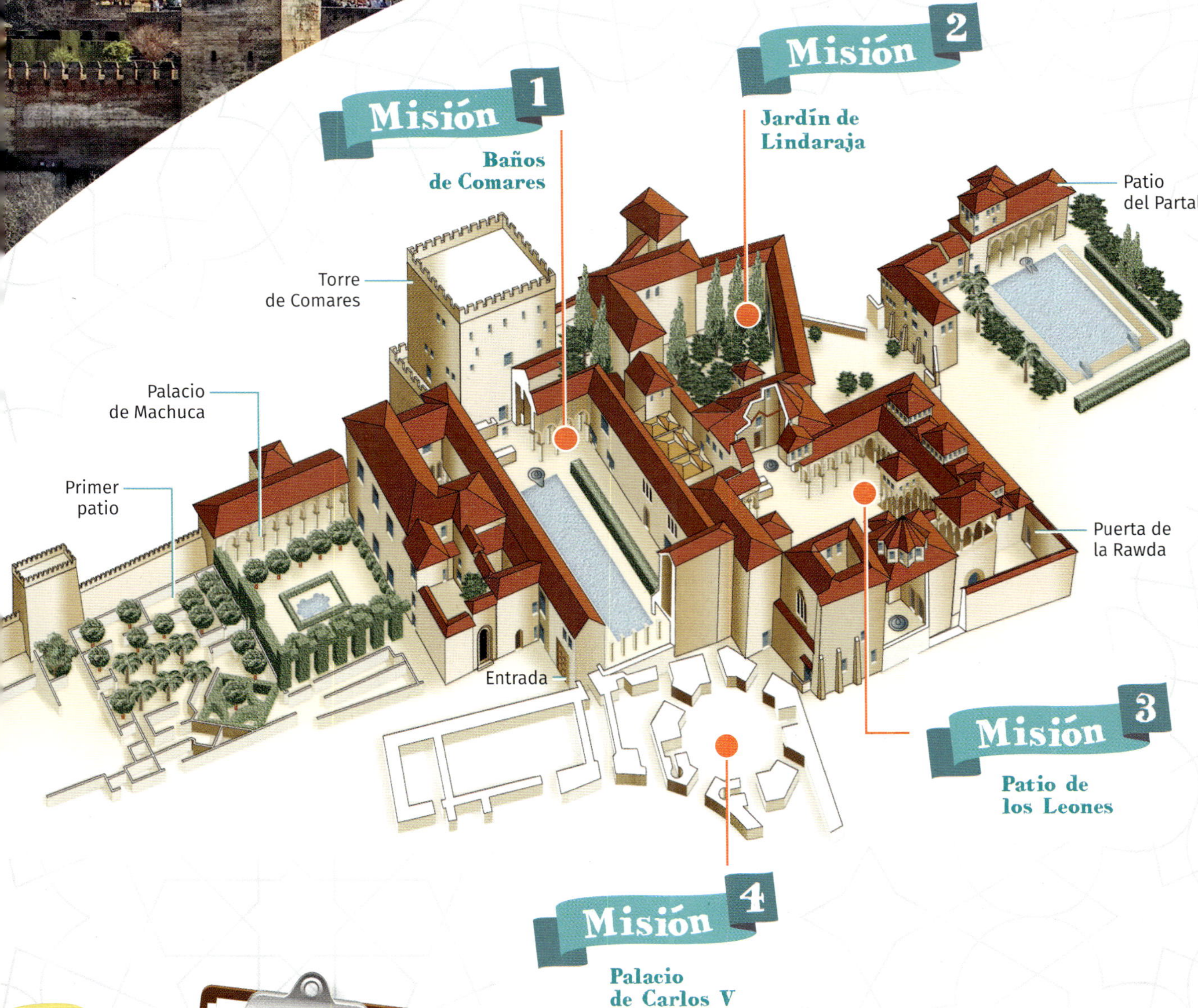

PROJET ESCAPE GAME

Misión 1

En los Baños de Comares

Vais a los Baños de Comares, **el lugar del robo**, para entrevistaros con el oficial de seguridad. Lo Interrogáis, pero es difícil oír bien la conversación a causa del ruido.
→ Para lograr esta misión, completad **el diálogo** siguiente.

¿Cómo ___ ?

___ Mario Vargas Ibáñez.

¿Has ___ al ladrón de los azulejos?

Sí, claro que lo ___ visto, pero sólo de espalda… no ___ visto su cara… lo siento.

¿ ___ has identificado al sospechoso?

Lo ___ visto a las 10 menos cuarto.

¿Qué ___ el sospechoso?

El sospechoso se ___ acercado a la pared. Ha esper___ un momento y se ___ ido corriendo.

¿Adónde se ___ el sospechoso?

Se ___ en dirección del Jardín de Lindaraja.

Si conseguís transcribir este diálogo, vuestro(a) profesor(a) os dará una nueva pista.

Misión 2

En el Jardín de Lindaraja

En el jardín de Lindaraja, veis huellas y pedazos de azulejos: ¡el ladrón ha pasado por aquí!

١٦ ٨ ٣ ٥ ٨ ٢٠ ١ ٨ lo que ١٦ ٢١ ٢٠ ٩ ٢٣ ٢٠ ١٦ ١٣ ٥ ٨ .
y ١٦ ٤ ١ ٣ ٩ ٦ ٨ ٢١ ١٤ ٥ ٤ ٩ ٢٠ ١٦ ١٣ ٥ ٨ Te
. a la policía ١٦ ٤ ١ ١٩ ٩ ٢٣ ١ ٢٠ ١٦ ١٣ ٥ ٨
Cita dentro de 10 minutos en el Patio de los
Un testigo anónimo

1	١	13	١٣
2	٢	14	١٤
3	٣	15	١٥
4	٤	16	١٦
5	٥	17	١٧
6	٦	18	١٨
7	٧	19	١٩
8	٨	20	٢٠
9	٩	21	٢١
10	١٠	22	٢٢
11	١١	23	٢٣
12	١٢		

→ Para lograr esta misión, descifrad **el mensaje del pergamino** que está en el suelo.

✓ Si descifráis bien el mensage, vuestro(a) profesor(a) os dará una nueva pista.

Misión 3

En el Patio de los Leones

Audio
hatier-clic.fr/22lis4606

En el Patio de los Leones, una guía turística está explicando la arquitectura del patio.

Utilizad vuestro móvil para escuchar **el audio**. ¡Ojo, atentos a la pregunta de la guía!

✓ Si encontráis la respuesta, vuestro(a) profesor(a) os dará una nueva pista.

Misión 4

En el Palacio de Carlos V

En la entrada del Palacio de Carlos V, hay una **audioguía**. El testigo ha grabado un mensaje en ella.

→ Para lograr esta misión, escuchad con atención el **retrato robot** que el testigo ha hecho del ladrón.

Audio hatier-clic.fr/22lis4607

¡Con la ayuda de este testimonio y de las pistas encontradas a lo largo de la investigación, podréis identificar al ladrón!

¿Habéis descubierto quién es?

Misión 5

En un periódico de Granada

¡Enhorabuena!
¡Habéis descubierto la identidad del ladrón! Ahora tenéis que descubrir el móvil del robo.

GRANADA HOY

En Granada, una agencia de detectives, … [RECUPERAR] un valioso azulejo de cerámica del siglo XV que pertenecía a La Alhambra.

La policía de Granada ha … [INTERROGAR] al ladrón sobre el motivo del robo: «… [ROBAR] este azulejo porque he … [EMPEZAR] una colección de azulejos desde niño. He … [QUERER] obtener este pedazo que me faltaba».

→ Para descubrir los motivos del ladrón, encontrad las palabras que han desaparecido del **artículo** del periódico.

Tenéis que conjugar los verbos en pretérito perfecto.

Unidad 7

¿Te acuerdo

¿Los recuerdos son importantes en tu vida?

Je serai capable de ...

- comprendre un discours sur l'enfance et les souvenirs.
- parler de souvenirs.
- comprendre un texte sur des souvenirs.
- écrire un texte court sur l'enfance.

PROYECTOS FINALES

EN PAREJAS
Entrevisto a un(a) compañero(a) sobre su infancia.

INDIVIDUAL
Escribo mi mejor recuerdo de cuando era niño(a).

VIDEO PROF. 7.1

Serie *La valla*, 2020

¿Qué le cuenta a la niña del vídeo su familia?

Comprende

- ¡Cómo huele eso!: *Comme ça sent bon !*
- ¡Qué buena pinta!: *Ça a l'air bon !*
- ¡Qué ganas!: *Comme ça fait envie !*

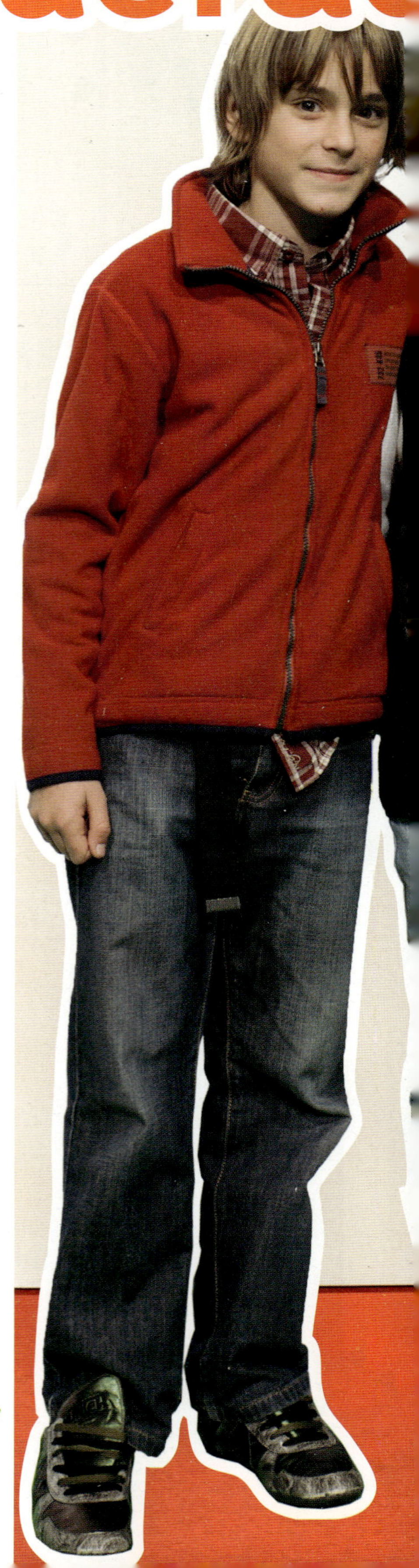

Guillermo Campra y su hermana Carla Campra, actores españoles, de niños y de adultos.

s?

Comprensión auditiva

Cosas de niños

A De pequeño creía que...

VIDEO PROF. 7.2

El tiempo, 2017

Comprende

- una fábrica: *une usine*
- encargarlos: *les commander*
- muñecos: *des poupées*

Exprésate

- un recuerdo: *un souvenir*
- la infancia: *l'enfance*
- una creencia: *une croyance*
- un(a) amigo(a) invisible
- un duende: *un lutin*

Pédagogie différenciée

Itinerario A

1. ¿Verdadero o falso? Estas personas hablan de cosas que pensaban el año pasado.
2. Introducen su testimonio con: Creo que ... • Creía que ... • Pensaba que ...
3. ¿Qué palabras oyes?: mascotas • niños • dinosaurios • juegos • muñecos • piscina • planetas • estrellas • corazón

Itinerario B

1. Después de escuchar el vídeo, di de qué trata.
2. ¿Qué expresión utilizan las personas para introducir sus testimonios?
3. Indica cuatro cosas de las que hablan los jóvenes del vídeo.

4. Explica el testimonio que te gusta más o que te parece más original.

De memoria

AUDIO ÉLÈVE 22lis471

Era un niño que soñaba
un caballo de cartón.
Abrió los ojos el niño
y el caballito no vio.

Antonio Machado
(poeta español)

Mi gramática

p. 94

El imperfecto (verbos regulares)
Creía que había una fábrica de niños.

Conjuga los verbos en imperfecto.

a. Mi hermana, en su infancia, (jugar) ... con un amigo invisible.
b. De niños, ellos no (poder) ... bañarse después de comer.
c. De pequeño, yo (dormir) ... con mis peluches.

Expresión oral

Cuando los mayores eran pequeños

B Juegos de otras épocas

Santy Gutiérrez, 2014

1. *un bâton et un cerceau*
2. *des bandes dessinées*
3. Qué

1. Describe la imagen: cuántos personajes aparecen, quiénes son...
2. Di a qué jugaban los personajes que están sentados en el banco.
3. Analiza lo que dicen los personajes de la derecha.
4. Con tu compañero(a), os contáis a qué jugabais cuando erais pequeños(as).

Exprésate

- montar en triciclo / patinete: *faire du tricycle / de la trottinette*
- juegos de mesa: *jeux de société*
- montar en columpio / en tobogán: *faire de la balançoire / du toboggan*
- jugar a los videojuegos / al fútbol: *jouer aux jeux vidéo / au football*
- el escondite: *le cache-cache*

Mi gramática

p. 94

El imperfecto (verbo ser)
*Cuando yo **era** niño leíamos tebeos.*

Conjuga los verbos en imperfecto.

a. Antes mi padre (ser) ... moreno. Ahora, tiene el pelo blanco.
b. Antes los juguetes (ser) ... más sencillos. Ahora, son más tecnológicos.
c. Antes yo (ser) ... bajita. Ahora soy alta.

Mini PROYECTO

EN PAREJAS Entrevista a un adulto de tu familia sobre su infancia: pregúntale qué le gustaba hacer, qué creencias (falsas) tenía... Transmite la información en español a tu compañero(a).

Comprensión lectora

¿Lo recuerdas?

A La bola de cristal

Una madre cuenta a su hija cómo se divertía cuando era pequeña.

–Un programa de la tele [...] era mi favorito. Lo ponían los sábados por la mañana, se llamaba *La bola de cristal*[1]. [...]

–¿Salían brujas[2]? [...]

–Pues claro, una muy mala y fea que se llamaba la Bruja Avería, tenía el pelo lleno de cables y siempre decía: «¡Qué mala, pero qué mala soy!» [...] A la Bruja Avería la acompañaban unos bichejos[3] muy traviesos que hacían todo tipo de gamberradas[4] [...]: los Electroduendes. [...] Esa bruja y sus Electroduendes nos contaban las cosas que estaban pasando a nuestro alrededor. [...] Los más pequeños nos lo pasábamos pipa[5] con La Bruja Avería y los Electroduendes. [...] ¡La música era genial! La presentadora era Alaska, una cantante muy famosa que llevaba el pelo lleno de trenzas de colores.

Cristina Campo García, *No me cuentes cuentos*, 2019

1. *programa de televisión español de los años 80* 2. *sorcières* 3. *des petites bestioles* 4. *des grosses bêtises* 5. *(fam) nos divertíamos mucho*

Exprésate

- la alegría: *la joie*
- la diversión = la distracción
- el humor: *l'humour*
- el miedo: *la peur*

1. Di quiénes hablan y de qué hablan.
2. Explica qué era *La bola de cristal*.
3. Presenta y describe a uno de los personajes.
4. Describe la imagen: qué representa, dónde está la bruja, quiénes la acompañan, cómo son, qué te transmite...

Fiche différenciation
hatier-clic.fr/22lis4701

De memoria

AUDIO ÉLÈVE 22lis472

Los niños dormían,
la bruja jugaba,
como era invisible
nadie la encontraba.

Gloria Fuertes (poeta española)

Mi gramática

p. 95

Los pronombres personales

***La** acompañaban unos bichejos muy traviesos.*

Sustituye los elementos subrayados por el pronombre correspondiente.

a. Emitían el programa el fin de semana.
b. Escuchaba atentamente las canciones.
c. Los niños veían a los electroduendes en la tele.

Expresión escrita

Hace muchos años

B Aquel verano

1. *J'étais pénible* 2. *J'ai fait une grosse crise*

Paco Roca, *La casa*, 2015

1. Presenta a los personajes: explica qué relación crees que tienen y de qué época hablan.
2. ¿Qué tenía de particular esa noche? ¿Qué problema había?
3. Enumera los elementos del cómic que indican que están hablando de un recuerdo.
4. Imagina que eres el niño de la viñeta central azul. Explica qué hacía tu padre para solucionar el problema.

Exprésate

- conectar
- la batería del coche
- esperar sentado(a)
- ver la televisión

Mi gramática

p. 95

Los marcadores temporales

*¿Os acordáis de **aquel verano** de los Juegos Olímpicos?*

Completa con uno de estos marcadores: antes - todas las tardes - hace cinco años.

a. Solíamos ver la tele ... después de hacer los deberes.

b. ... yo estaba en la escuela primaria.

c. En las ciudades ... también se podían ver las estrellas.

Mini PROYECTO

INDIVIDUAL Presenta en tres líneas un programa de televisión o una película que te gustaba cuando eras pequeño(a). Puedes ilustrarlo con un dibujo o una foto.

¡A JUGAR!

JUEGO 1

El álbum de fotos

Asocia cada imagen con un verbo.

jugar · creer · ir

Ayuda a Pablo a escribir un pie de foto de sus recuerdos.

JUEGO 2

Pon un poco de orden

Conjuga los verbos en 1ª persona singular del imperfecto. Clasifícalos en las casillas correspondientes.

1 tener
2 ir
3 jugar
4 escribir
5 ser
6 hacer
7 soñar
8 ver
9 llevar
10 haber

JUEGO 3

¡A calcular!

El padre de Ernesto tiene ahora 45 años. ¿Cuántos años tenía en 1990?

UN POCO DE TEATRO

Seres virtuales

Quique y Teresa hablan con Vilma y Fredi, dos personajes de un juego de ordenador, que se creen humanos.

TERESA: ¿Dónde vivían vuestros padres cuando erais pequeños? Mejor aún: ¿recordáis algo de cuándo erais pequeños?

VILMA: *(Inquieta, pensativa*[1]*)* No lo entiendo…

FREDI: Yo no sé si recuerdo nada de lo que me dices. Ni de mis padres ni de nada.

VILMA: A lo mejor eres huérfano[2].

FREDI: Si lo fuera, lo sabría[3]. Pero no lo sé.

QUIQUE: ¿Sabéis por qué no recordáis nada de todo eso? Porque no está en vuestro programa.

Pausa. Fredi y Vilma se miran.

Ignasi García, *El chip experimental*, 2007

1. *pensive* 2. *peut-être que tu es orphelin* 3. *si je l'étais, je le saurais*

Aprende el diálogo para representarlo con tres de tus compañeros(as).

VOCABULARIO

Mapa mental
hatier-clic.fr/22lis4702

La infancia

AUDIO ÉLÈVE 22lis473

un recuerdo de niño(a) / de pequeño(a)

recordar

el miedo

la diversión

la alegría

Un mundo de fantasía

AUDIO ÉLÈVE 22lis474

un(a) amigo(a) invisible

un duende

una bruja

Los juegos

AUDIO ÉLÈVE 22lis475

Jugar...

a las muñecas

al escondite

a los videojuegos

a los juegos de mesa

Montar...

en bicicleta

en triciclo

en columpio

en tobogán

PRACTICA

1 Busca la palabra intrusa.

a. duende • caballito • bruja
b. columpio • escondite • tobogán
c. de mayor • de pequeño • de niño

2 Adivina.

a. Se juega con un tablero *(une planche)* y dados *(des dés)*.
b. Compañero(a) de juegos que solo tú puedes ver.
c. Tiene figura humana y es un juguete.

LENGUA

MI GRAMÁTICA

Exercices à imprimer
hatier-clic.fr/22lis4703

1 L'imparfait (verbes réguliers)

À quel temps sont conjugués les verbes ? Que remarques-tu à propos de la formation de l'imparfait pour les verbes réguliers ?

Pour former l'imparfait des verbes en -*ar*, on rajoute la terminaison -*aba* au radical et pour les verbes en -*er* et -*ir*, on rajoute au radical une terminaison en -*ía*.

Andar	Tener	Reír
andaba	*tenía*	*reía*
andabas	*tenías*	*reías*
andaba	*tenía*	*reía*
andábamos	*teníamos*	*reíamos*
andabais	*teníais*	*reíais*
andaban	*tenían*	*reían*

1 Observe et complète les phrases.

a. Mi abuela montaba en bicicleta o jug___ al aro.
b. Yo, de niño, aprendía las lecciones y le___ libros de aventuras.
c. Ellas escribían canciones y se divert___ mucho.

2 Conjugue les verbes à l'imparfait.

a. Nosotros (escuchar) ... música y (cantar) ... .
b. Tú (tener) ... dos amigos y vosotros (hacer) ... excursiones por el campo.
c. Yo (preferir) ... el rap y (tocar) ... la guitarra.

2 L'imparfait (verbes irréguliers)

Dans la langue espagnole, combien existe-t-il de verbes qui sont irréguliers à l'imparfait ?

En espagnol, il y a trois verbes irréguliers à l'imparfait : *ser*, *ver* et *ir*.

	Ser	Ver	Ir
yo	*era*	*veía*	*iba*
tú	*eras*	*veías*	*ibas*
él, ella, usted	*era*	*veía*	*iba*
nosotros(as)	*éramos*	*veíamos*	*íbamos*
vosotros(as)	*erais*	*veíais*	*ibais*
ellos, ellas, ustedes	*eran*	*veían*	*iban*

1 Dis quelle phrase est à l'imparfait et à quel temps sont les autres phrases.

a. Mañana, iré al cine y veré una comedia. ¡Será estupendo!
b. Cuando era niño, yo iba al cine y veía muchas comedias. ¡Era estupendo!
c. Voy al cine y veo una comedia. ¡Es estupendo!

2 Transpose les phrases à l'imparfait.

a. Estás contento porque ves a tu abuelo.
b. Nosotros vamos al parque y jugamos mucho.
c. Ellas son campeonas porque hacen mucho deporte.

3 Les pronoms personnels (complément d'objet direct)

Saurais-tu expliquer quand on emploie le pronom personnel complément *lo, la, los* ou *las*, en espagnol ?

- Lorsque l'on remplace un COD masculin singulier en espagnol, on emploie ***lo***.
- Pour remplacer un COD féminin singulier, on emploie ***la***.
- Pour remplacer un COD masculin pluriel, on emploie ***los***.
- Pour remplacer un COD féminin pluriel, on emploie ***las***.

1 Remplace le COD en italique par *lo*, *la*, *los*, *las*.

a. Canto *las canciones*. → ... canto.
b. Escribo *una regla*. → ... escribo.
c. Dibujo *un árbol*. → ... dibujo.

2 Remplace le COD en italique par le pronom personnel adéquat.

a. Ellos veían *la tele*. → Ellos ... veían.
b. Tú observabas *los pájaros*. → Tú ... observabas.
c. Mis abuelos compraban *un libro* cada semana. → Mis abuelos ... compraban cada semana.

4 Les marqueurs de temps

Quels marqueurs temporels du passé connais-tu en langue espagnole ?

Les marqueurs de temps permettent de repérer la période ou le moment où se déroule une action.

- Avec ***antes***, ***entonces***, ***hace (muchos, cinco, diez...) años***, on emploie un temps du passé qui peut être l'imparfait.
- Avec ***todos los días***, en fonction du contexte, on utilise le passé ou bien un autre temps (présent ou futur).
- S'utilisent également comme marqueurs temporels les démonstratifs ***este***, ***ese***, ***aquel***.

Aquel año / en aquella época / en esos tiempos...

1 Complète avec un des marqueurs suivants : *aquel verano • antes • ahora • hace muchos años*.

a. ... era pequeño, ... soy mayor.
b. ... había pocos coches.
c. ... nadaba todos los días en el mar.

2 Rédige deux phrases en opposant *antes*/*ahora*.

a. Yo... b. Mi abuelo...

SONIDOS DEL ESPAÑOL

AUDIO ÉLÈVE 22lis476

Pronuncio la «ere» (suave) y la «erre» (fuerte)

→ **Pour prononcer le r ou le rr, la langue vient vibrer contre le palais, une fois (*r*) ou deux fois (*rr*).**

Escucha y repite.

recuerdo - cristal - estrella - arriba - verano - reír - divertirse - sorprendido - corriente - responder

Escucha el trabalenguas

Mirando las estrellas,
María y Marisa recordaban
entre risas aquel verano
tan divertido.

¡Repítelo lo más rápido posible!

¡ENTRÉNATE!

+ prof
Grille d'évaluation

Comprensión auditiva

Je peux comprendre quelqu'un qui parle de son enfance.

VIDEO PROF. 7.3

Dani Martín recuerda su infancia. La Sexta.

¿Verdadero o falso? Justifica tu respuesta.

a. De pequeño, Dani escribía muy bien.
b. Era buen estudiante.
c. Era antipático.
d. Era poco activo.

Comprensión lectora

Je peux comprendre un récit de souvenirs.

La noche de San Lorenzo, salíamos al campo para ver la lluvia de estrellas[1]. Los niños salían en grupos, de madrugada[2], con el permiso de sus padres, que esa noche les dejaban regresar más tarde a casa. Entre mis recuerdos de aquella época están mis abuelos, que me acompañaban para ver la lluvia de estrellas y, también, mi padre, que me indicaba en el cielo los nombres mientras el pueblo dormía.

Julio Llamazares, *Las lágrimas de San Lorenzo*, 2013. (Adaptado)

1. *pluie d'étoiles* 2. *l'aube*

1. **¿A qué época de su vida se refiere el narrador? Justifica con elementos del texto.**
2. **¿De qué noche habla? ¿Por qué esa noche era mágica?**

Expresión oral

Je peux parler de souvenirs.

Cuenta dos cosas que han cambiado desde la época en la que tus abuelos tenían tu edad (la evolución de la tecnología, de los juegos, etc.).

Expresión escrita

Je peux écrire un texte court sur le passé de quelqu'un.

1. *au secours!* 2. *bilboquet* 3. *tissu*

Nik, *Gaturro*, 2019

Escribe un texto corto y explica por qué está horrorizado el dueño de Gaturro. Después, imagina a qué jugaba él cuando era niño.

¡MANOS A LA OBRA!

PROYECTO 1

EN PAREJAS

Entrevisto a un(a) compañero(a) sobre su infancia.

ETAPA 1 Preparación (en casa) pix

→ En casa, prepara cuatro preguntas sobre la infancia en un documento word. Puedes abordar temas como: Juegos o juguetes • Personajes • Libros • Películas o programas • Lugares • Platos preferidos

Por ejemplo:

¿Cuáles eran tus personajes preferidos?

ETAPA 2 Realización (en clase)

→ Un(a) compañero(a) hace las preguntas y otro(a) compañero(a) responde.

→ Luego intercambiáis.

→ Podéis grabar la entrevista con la ayuda de vuestro(a) profesor(a).

PROYECTO 2

INDIVIDUAL

Escribo mi mejor recuerdo de cuando era niño(a).

ETAPA 1 Preparación (en casa)

→ Piensa en el recuerdo que quieres escribir.

→ Busca el soporte: una hoja blanca, de color...

→ Si quieres decorar tu página, busca también: imágenes, pegatinas, fotos, dibujos...

ETAPA 2 Realización (en clase)

→ Escribe un texto de cinco o seis líneas.

→ Utiliza frases cortas y no olvides conjugar los verbos en pretérito imperfecto.

→ Ilústralo si quieres.

→ Podéis hacer una exposición con todos los textos o escanearlos para publicarlos en la web del colegio. pix

Unidad

8 Rodeados de arte

¿Toda obra es arte?

Je serai capable de ...

- comprendre un audio court sur un artiste et son œuvre.
- présenter une œuvre d'art et son auteur.
- comprendre un article de presse au passé.
- écrire un texte au passé.

PROYECTO FINAL

EN GRUPO

Participamos en el Juego de la cultura hispánica.

VIDEO
PROF. 8.1

Arte urbano en las señales de tráfico en Madrid, 2021

¿Te gustan estas señales? ¿Por qué?

Comprende

- las señales: *les panneaux de signalisation*
- darse un chapuz**ó**n: *piquer une tête*
- fijarse: *remarquer*

Murales realizados por artistas urbanos en Santiago de Chile

CAIOZZANA
2020
298
MERCED
THE CLASH

Comprensión auditiva

Queridos animales

A La gamba gigante de Barcelona

AUDIO PROF. 8.1

Descubriendo curiosidades de Barcelona.

Comprende

- el ayuntamiento: *la mairie*
- el Moll de la Fusta (catalán): *le quai en bois*
- unos cuantos años: *quelques années*
- el paseo marítimo: *la promenade maritime*

Pédagogie différenciée

Itinerario A

1. En 1989, un ... instaló en Barcelona una ...
2. La diseñó ... y la realizó ...
3. Su historia empezó en ... con ...

Itinerario B

1. ¿Qué animal se instaló en Barcelona en 1989? ¿Qué establecimiento pensó en este proyecto?
2. ¿Quién la diseñó y quién la realizó?
3. ¿Con qué evento se inició su historia?

4. Describe la obra y di lo que piensas de ella.

B El perro gigante de Bilbao

VIDEO PROF. 8.2

La escultura de Puppy delante del museo Guggenheim de Bilbao.

1. ¿Dónde está este cachorro gigante?
2. ¿Qué materiales utilizó el artista?
3. Da tu punto de vista sobre esta escultura.

Comprende

- la madera : *le bois*
- la piedra : *la pierre*
- el hierro: *le fer*
- el tamaño: *la taille*
- la escala: *l'échelle*

Exprésate

- los bigotes: *les moustaches*
- las patas: *les pattes*
- un museo de titanio: *un musée en titane*
- sorprender: *surprendre*

Mi gramática

p. 106

El pretérito indefinido (verbos regulares)
*La escultura la **diseñó** Javier Mariscal.*

Conjuga los verbos en pretérito indefinido.

a. El año pasado yo (descubrir) ... Barcelona.
b. Estas esculturas (sorprender) ... a los visitantes.
c. El artista (imaginar) ... una obra con flores.

Expresión oral

Muchas fuentes de inspiración

Exprésate

- la arena: *le sable*
- saltar: *sauter*
- estar sentado(a): *être assis(e)*
- estar apoyado(a): *être appuyé(e)*
- hacer una foto: *prendre une photo*
- pasarlo bien: *s'amuser*
- sacar el arte a la calle: *sortir l'art dans la rue*
- la libertad

C Una plaza muy animada

***El pájaro*, una obra del escultor y pintor colombiano Fernando Botero, en Medellín, Colombia.**

D En medio de la arena

***Los dedos*, la escultura que Mario Irarrázabal, escultor chileno, hizo en Punta del Este, Uruguay.**

1. Describe las fotos.
2. Según tú, ¿por qué hizo Botero un pájaro? ¿Cuál fue la intención de Irarrázabal con su escultura?
3. Di qué obra prefieres y explica por qué.

¿LO SABES?

Fernando Botero (1932) y Mario Irarrázabal (1940) son dos importantes artistas hispanoamericanos.

Mi gramática

p. 106

El pretérito indefinido (*hacer*, *ser*)

Los dedos, *la escultura que Mario Irarrázabal* ***hizo*** *en Punta del Este.*

Transforma los verbos en presente por verbos en pretérito indefinido.

a. Botero es el autor de muchas esculturas.
b. Los artistas hacen obras sorprendentes.
c. Vosotros hacéis fotos de *Los dedos*.

Mini PROYECTO

EN PAREJAS Imaginamos un diálogo entre dos amigos(as) que pasean por la ciudad. Cada uno(a) describe a su amigo(a) una obra de arte.

Comprensión lectora

Herederos de otros tiempos

Spaik posa junto a una de sus obras

¿LO SABES?

El muralismo mexicano: Esta corriente artística rescata aspectos étnicos, mitológicos e históricos. Diego Rivera fue uno de sus representantes principales.

A Un joven muralista

Israel Guerra, más conocido como Spaik, es un artista urbano que comenzó como grafitero en las paredes[1] de su natal Zacatelco (Tlaxcala, México) y poco a poco consolidó un estilo que ha llevado a sus colosales y coloridos animales a los muros de importantes ciudades de América y Europa. [...]

«La onda prehispánica siempre ha sido una influencia para mí, una inspiración. Desde niño siempre me gustó leer mucho sobre leyendas[2], sobre la conquista[3] y todo eso figuraba ya en mi imaginación. Aparte crecí en un pueblo donde todavía hay mucha tradición indígena: danzas, cantos, algunas personas incluso todavía hablan náhuatl». [...]

En cuanto a la elección de animales como un tema recurrente, esto nos contó: «Por lo mismo que yo crecí en un pueblo siempre teníamos animales en la casa, en la granja[4], vivía como en una casita de campo[5], crecí rodeado de eso, de pájaros, de conejos[6], de todo y es parte de mi obra».

vanguardia.com.mex

1. *les murs* 2. *les légendes* 3. *la conquête* 4. *la ferme* 5. *une petite maison à la campagne* 6. *les lapins*

Exprésate

- el águila : *l'aigle*
- el pico: *le bec*
- el túnel
- los colores
- la inspiración
- la tradición
- las influencias

1. Presenta al artista y su obra.
2. ¿Qué fue la «onda prehispánica» para él?
3. ¿Qué le gustó siempre desde niño?
4. Explica por qué encontramos muchos animales en sus obras.

Mi gramática

p. 107

Pretérito indefinido e imperfecto

*Siempre **me gustó** leer leyendas y todo eso **figuraba** en mi imaginación.*

Conjuga el primer verbo en pretérito indefinido y el segundo en imperfecto.

a. Cuando yo (ver) ... los murales por primera vez, todavía no me (gustar) ... este tipo de arte.

b. Spaik (crecer) ... en el campo donde (haber) ... muchos animales.

Expresión escrita

Recordar el pasado

B Tuvieron una gran idea

VIDEO PROF. 8.3

Cuarenta chocolateros vascos recrearon en 2021 la pintura cubista armando catorce placas de chocolate separadas. Quisieron lanzar un mensaje de esperanza.

Exprésate

- la paloma: *la colombe*
- el toro: *le taureau*
- un molde: *un moule*

1. Di lo que hicieron los chocolateros.
2. Explica lo que simboliza esta obra.
3. ¿Qué piensas de esta idea?
4. Participaste en la elaboración de *El Guernica* de chocolate. Escribe una reseña para el periódico del instituto. Explica en qué consistió tu trabajo, cuál fue el objetivo y qué momento preferiste.

Comprende

- engloba = reúne
- el sufrimiento: *la souffrance*
- la paz: *la paix*

¿LO SABES?

Pablo Picasso pintó *El Guernica* en 1937 para condenar el bombardeo de la ciudad vasca de Guernica durante la guerra civil española (1936-1939).

Mi gramática

p. 107

El pretérito indefinido (*querer, tener*)

***Quisieron** lanzar un mensaje de esperanza.*
***Tuvieron** una gran idea.*

Transforma las frases usando el pretérito indefinido.

a. Yo (querer) ... ir a ver *El Guernica* de chocolate.
b. Ellos (tener) ... que transformar una obra de arte.
c. ¿Tú (querer) ... participar en la elaboración de la obra?

Mini PROYECTO

INDIVIDUAL Creo un cartel presentando una obra de arte de mi elección. Ilustro el cartel y escribo un párrafo explicativo.

¡A JUGAR!

JUEGO 1

¡Adivina!

Di qué animales se esconden tras las obras de arte.

a. Mi artista me hizo con flores, soy un ____

b. Me pusieron en el Paseo marítimo de Barcelona, soy una ____

c. Botero me representó en una escultura, soy un ____

d. Picasso me pintó en *El Guernica* y tengo cuernos, soy un ____

JUEGO 2

¿Dónde están?

Encuentra 11 verbos en pretérito indefinido en este dibujo.

JUEGO 3

¡A calcular!

El «padre» de Puppy lo creó en 1991, ¿cuántos años tiene el cachorro en la actualidad?

UN POCO DE POESÍA

AUDIO
PROF. 8.2
ÉLÈVE
22lis481

Versos para el Guernica

Este cuadro es una herida
que se abrió y que no se cierra,
un retrato de la guerra
y su locura homicida.
La sombra inundó la vida
con su dolor infinito,
el lienzo cuenta el delito
para que nunca se olvide,
porque el que olvida, reincide
(esta pintura es un grito).
¿Cómo lo hiciste, Picasso?
que a la luz de tus pinceles
las verdades se abren paso
(incluso estas tan crueles).

Fernando Lobo (poeta español)

- **Memoriza el poema y recítalo con un(a) compañero(a).**

VOCABULARIO

Mapa mental
hatier-clic.fr/22lis4801

Las artes

AUDIO ÉLÈVE 22lis482

Tipos de arte visual

la pintura

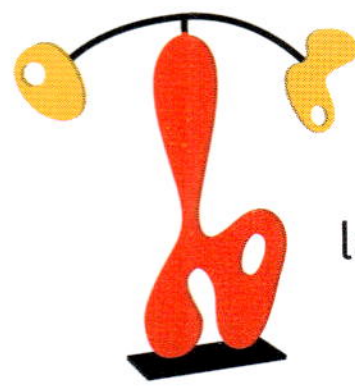
la escultura

la arquitectura

el muralismo

Los materiales

la pintura

el lienzo

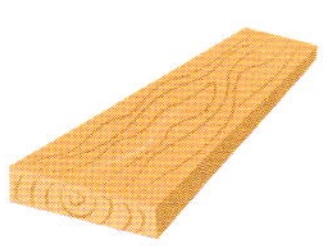
la madera

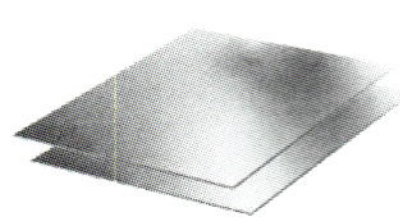
el metal (el hierro, el titanio, el bronce)

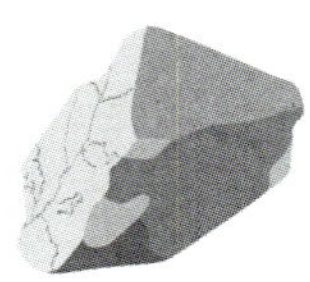
la piedra

Acciones relacionadas con el arte

AUDIO ÉLÈVE 22lis483

esculpir

crear

dibujar, pintar

imaginar

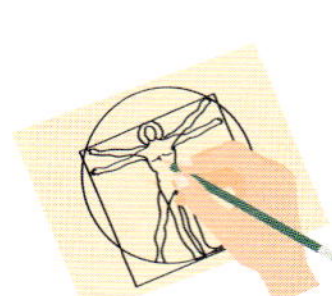
diseñar

construir

Emociones

AUDIO ÉLÈVE 22lis484

curiosidad

sorpresa

felicidad

alegría

inquietud

PRACTICA

1 Forma palabras ordenando las sílabas.

a. ñar – di – se
b. ra – ma – de
c. pre – sor – sa
d. nio – ti – ta
e. lis – ra – mu – mo

2 ¿Qué tipo de arte soy?

a. Aparezco en los muros de las calles.
b. Proyecto y diseño edificios en espacios públicos.
c. Para representarme, los artistas utilizan lienzos.
d. Conmigo se crean objetos o figuras en tres dimensiones y con diferentes materiales.

LENGUA

MI GRAMÁTICA

Exercices + à imprimer
hatier-clic.fr/22lis4802

1 Le passé simple (verbes réguliers)

À quoi sert le passé simple appelé « *pretérito indefinido* » en espagnol ?

Le ***pretérito indefinido*** sert à exprimer une action passée, révolue, qui n'a pas d'incidence sur le présent.

! Les terminaisons des verbes en -*er* et -*ir* sont identiques.

Verbes -*ar*	Verbes en -*er*	Verbes en -*ir*
pinté	*nací*	*abrí*
pintaste	*naciste*	*abriste*
pintó	*nació*	*abrió*
pintamos	*nacimos*	*abrimos*
pintasteis	*nacisteis*	*abristeis*
pintaron	*nacieron*	*abrieron*

1 Conjugue les verbes entre parenthèses.

a. El artista (crear) ... una obra bellísima.
b. Los barceloneses (adoptar) ... la gamba gigante.
c. Mi abuela me (llevar) ... a un parque lleno de esculturas.

2 Transpose les phrases au passé simple.

a. Nosotros conocemos al escultor
→ El año pasado, ...
b. Tú pintas un mural.
→ El mes pasado, ...
c. Ella abre una galería de arte.
→ En 2021, ...

2 Le passé simple : *ser* et *hacer*

Que remarques-tu à la 1re et 3e personne du singulier des verbes « *ser* » et « *hacer* » au passé simple ?

Ser et ***Hacer***, deux verbes irréguliers, ne portent pas d'accent ni à la première personne ni à la troisième du singulier.

	Ser / Ir	Hacer
yo	*fui*	*hice*
tú	*fuiste*	*hiciste*
él, ella, usted	*fue*	*hizo*
nosotros(as)	*fuimos*	*hicimos*
vosotros(as)	*fuisteis*	*hicisteis*
ellos, ellas, ustedes	*fueron*	*hicieron*

! *Fui*, *fuiste*... sert de passé simple pour le verbe *ser* et le verbe *ir*.

1 Mets les verbes au passé simple.

a. Ayer yo (hacer) ... un pastel de chocolate.
b. Ellos (ser) ... artistas reconocidos.
c. Diego Rivera (hacer) ... murales y (ser) ... famoso.
d. El año pasado yo (ir) ... a Barcelona.

2 Transpose les phrases au passé simple.

a. Los chocolateros hacen una obra gigante.
→ En 2021, ...
b. Nosotras hacemos murales.
→ El año pasado, ...
c. Ellos hacen pasteles riquísimos.
→ Ayer, ...

3 Le passé simple et l'imparfait

Quand emploie-t-on le passé simple et quand emploie-ton l'imparfait ?

Le passé simple (***pretérito indefinido***) décrit l'action principale, qui est terminée et datée dans le temps, tandis que l'imparfait (***imperfecto***) décrit les circonstances de l'action principale et exprime une action qui a duré, ou s'est répétée dans le temps.

1 Mets les verbes à l'imparfait.
a. Yo, cuando (ser) ... niño, (pintar) ... mucho y me (gustar) ....
b. Tú (ir) ... a Barcelona cada año y (poder) ... ver la Gamba gigante.
c. Nosotros (soler) ... ver muchos murales en México.
d. Ellas (crear) ... obras espléndidas.

2 Transpose les phrases au passé simple.
a. El artista utiliza materiales originales.
b. Yo imagino un pájaro enorme.

3 Choisis entre la passé simple ou l'imparfait et conjugue les verbes.
a. Cuando (estar) en España, Botero (inspirarse) de los grandes maestros españoles.
b. Spaik (crecer) rodeado de animales, cuando (ser) niño.

4 Le passé simple : *querer* et *tener*

Que remarques-tu à propos des terminaisons des verbes « *querer* » et « *tener* » ?

Les verbes ***querer*** et ***tener*** sont deux verbes irréguliers. Ils ne portent pas d'accent ni à la 1re ni à la 3e personne du singulier.

	Querer	Tener
yo	*quise*	*tuve*
tú	*quisiste*	*tuviste*
él, ella, usted	*quiso*	*tuvo*
nosotros(as)	*quisimos*	*tuvimos*
vosotros(as)	*quisisteis*	*tuvisteis*
ellos, ellas, ustedes	*quisieron*	*tuvieron*

1 Conjugue les verbes au passé simple.
a. Yo (tener) ... la oportunidad de visitar el museo de Bilbao.
b. Los alumnos (querer) ... ver el paseo de las Artes.
c. Ellas (querer) ... representar *El Guernica*.
d. Nosotros siempre (tener) ... mucho interés en los murales.

2 Mets les phrases au passé simple.
a. Desde pequeña, quiero ver esta obra.
b. Tenemos la suerte de visitar esta ciudad.

SONIDOS DEL ESPAÑOL

AUDIO ÉLÈVE 22lis485

Pronuncio la « ch »

→ **Le ch espagnol se prononce [tch].**

Escucha y repite.

escuchar - chapuzón - fachada - chica - mucho - muchacho - chocolate - chocolatero - Chile

Escucha el trabalenguas

Una muchacha se da un chapuzón en una playa de Chile escuchando chocar las olas.

¡Repítelo lo más rápido posible!

¡ENTRÉNATE!

+ prof
Grille d'évaluation

Comprensión auditiva

Je peux comprendre un audio court sur un artiste et son œuvre.

Vidéo
hatier-clic.fr/22lis4803

La artista mexicana Paula Victoria

¿Verdadero o falso? Justifica tus respuestas.

a. La artista empezó a pintar desde niña.
b. Ella quiso ser responsable de su vida.
c. Ella probó solo la pintura.
d. Nunca confió en su talento.

Comprensión lectora

Je peux comprendre un article de presse au passé.

Fundación Hogares[1] llegó a Hermosillo[2] hace un año con el propósito de rehabilitar los parques que se encuentran en deterioro[3]. [...] Fue en el mes de enero que empezó el rescate, se limpiaron los espacios, se plantaron árboles y se inició con los murales. Damián tiene 16 años y fue uno de los pioneros en el proyecto. [...] Cuando era pequeño nació su inquietud de pintar paredes, comenzó con grafiti, haciendo letras, piezas, entre otros. Actualmente tiene aproximadamente 12 murales en distintas partes de la ciudad.

Nancy Álvarez, *El Sol de Hermosillo* (periódico mexicano), 4 de septiembre de 2019

1. ONG mexicana 2. ciudad de México en el Estado de Sonora 3. *détériorés*

Lee el texto y contesta.

a. ¿Qué hizo la Fundación Hogares en Hermosillo?
b. ¿Cuándo empezó su acción y que hicieron para llevarla a cabo?
c. Presenta a Damián.

Expresión oral

Je peux présenter une œuvre d'art et son auteur.

Obra de Farid Rueda, muralista mexicano contemporáneo

Explica lo que quiso decir el artista mexicano Farid Rueda en este mural.

a. Cita los elementos que pintó el artista.
b. ¿Qué influencias crees que tuvo?
c. A tu parecer, ¿qué mensaje quiso transmitir?

Expresión escrita

Je peux écrire un texte au passé.

Antonio Gaudí
1852-1926 (Cataluña, España)
- Profesión: arquitecto
- Máximo representante del modernismo catalán
- Obras más conocidas: *la Casa Batlló* ①, *la Sagrada Familia* ②, *el Parque Güell*

Con ayuda de la ficha, redacta una pequeña biografía de Gaudí. Utiliza el pretérito indefinido.

El Juego de la cultura hispánica

MATERIAL

- Un dado
- Una ficha por equipo
- Un reloj de arena

REGLAS

1. Formáis GRUPOS de cuatro o cinco.

2. Tiráis el dado y avanzáis.

3. Respondéis a la pregunta de la casilla en la que habéis caído.

2 puntos Ganáis dos puntos si lo hacéis sin buscar en el manual y la respuesta es correcta.

1 punto Ganáis un punto si tenéis que buscar en el manual y la respuesta es correcta.

Si no sabéis responder pasáis un turno sin jugar.

4. Contáis los puntos.

Gana el equipo que termina antes y que tiene más puntos.

CASILLAS ESPECIALES

- 10 El pájaro de Botero te lleva volando a la Fiesta de las Flores 16.
- Si caes en la Sagrada Familia 4 avanzas a la Casa Batlló 22.
- Si caes en la Casa Batlló 22 retrocedes a la Sagrada Familia 4.
- 7 Te paras a merendar: un turno sin jugar.

SALIDA

¿Quién pintó esta obra? 1

Esta es la bandera de...

2

¿Cómo se llama este palacio? ¿Dónde está?

3

La Sagrada Familia 4

22

¿En qué ciudad puedes ver esta escultura? 24

Esta es la bandera de...

23

La Casa Batlló 22

4

¿Cómo se llama la autora de esta pintura? 21

¿Cómo se llama esta bebida? 20

¿Dónde podemos ver esta obra?

19

¿Cómo se llama este plato tradicional? 18

¿Cuál es el título de este cuadro?

17

¿Cómo se llama este objeto? 5

¿Quién dibujó esta águila? 6

Un turno sin jugar 7

¿Quién soy?

8

¿En qué país podemos admirar esta escultura?

9

10

16

¿Cómo se llama esta fiesta? 11

¿Cómo se llama este lugar?

12

¿Quién es el autor de este cuadro?

13

¿Qué artista pintó este mural?

14

¿Quién soy?

15

¿Dónde se celebra esta fiesta? 16

NOS CONSEILS

Comprendre un document oral

Cette **vidéo** sert à illustrer la démarche proposée.

Vidéo hatier-clic.fr/22lis4001

Daniel Illescas, 2019

Étape 1

→ D'abord, il faut bien lire le **titre** donné.

→ Si tu disposes d'un **photogramme**, fais des hypothèses sur ce que tu vas entendre (*a lo mejor / pienso que*…). Prête attention aussi à la **source**, et définis le **type de document** (*reportaje, emisión de radio, de televisión, debate, documental*…).

> ***Parece que*** *una persona va a hablar de sí misma («cosas sobre mí»).* ***Pienso que*** *se trata de un joven y de una anciana.* ***A lo mejor es*** *su abuela.*

Étape 2

Pour aborder un document audio ou une vidéo tu disposeras de plusieurs écoutes ou visionnages.

→ **Identifie les indices** et fais attention aux bruits, aux voix que tu entends (hommes, femmes, enfants, personnes âgées...).

> *Primero puedo oír una sola voz, es decir, que una única persona está hablando.*

Si tu visionnes une vidéo, tu peux t'aider de ce que tu vois : *lo que veo, lo confirma*. Ensuite il faut :

→ **Repérer + identifier**

> *La voz que oigo parece ser la voz de un hombre joven que habla sobre sí mismo, su vida, sus gustos.*

→ **Mettre en relation les informations à partir des éléments prélevés**

Quince, marzo, una fecha de nacimiento, 24 años, soltero, Barcelona, viajar, casa, comida, yaya, trabajo, modelo.

→ **Déduire**

> ***Creo que*** *se presenta. Dice dónde vive y lo que le gusta / encanta.*

→ **Analyser et faire des hypothèses.**

> ***A lo mejor****, le gusta viajar, ya que lo vemos con una maleta, y luego en otros países (letras chinas, la bandera de México, etc.).*
>
> *Aparece en una casa, con una persona mayor.* ***Creo que*** *es su abuela.*
>
> *Habla de su casa, de su comida favorita. Dice que es «influencer» y trabaja de modelo.*

→ **Interpréter**

> *El personaje habla de su vida, de sus gustos para que lo conozcamos. Lo vemos en diferentes sitios.* ***Quiere*** *dar una imagen joven y dinámica.*

En résumé, tu construis le sens du document en **identifiant les personnages**, en définissant **l'action**, **le moment** de l'action, **le** ou **les lieux**, **l'intention** du document et **comment** le thème est abordé.

Pour finir il ne te reste qu'à réaliser une production pour montrer que tu as compris.

NOS CONSEILS

Comprendre un document écrit

Grâce à des codes couleurs, repère les éléments essentiels.

Ce **texte** sert à illustrer la méthode proposée.

La ropa de los jóvenes mexicanos

Los niños y adolescentes suelen[1] usar los pantalones vaqueros y camisetas, pero, durante la semana, la mayoría de ellos visten los uniformes escolares, porque incluso las escuelas públicas lo requieren[2]. Un uniforme escolar típico consiste en una camisa de polo[3] blanca o de color claro con el nombre de la escuela y la insignia en el pecho[4]. Los hombres usan pantalones, por lo general de color azul marino, y las niñas usan faldas.

Nina Markofsky, en ehowenespanol.com, noviembre 2021

1. *ont l'habitude*
2. *l'exigent*
3. *chemise polo*
4. *poitrine*

Étape 1

→ **Lis le titre** du document pour anticiper sur le sujet et faire des hypothèses.

→ **Identifie** le **type de texte** : extrait de roman, de journal, de théâtre, poésie, grâce au nom de l'auteur et à la forme du texte.

Puedo decir que el documento parece un artículo de prensa. La fecha es noviembre de 2021. La autora es Nina Markofsky.

Étape 2

→ **Repère** qui **parle**, à qui et de qui, et identifie le ou les **personnages**.

***Habla** un narrador que puede ser Nina Markofsky. **Trata de** los jóvenes mexicanos, como lo dice el título. Más precisamente, habla de los niños y de los adolescentes.*

→ **Repère** le ou les **lieux** de l'action et le **moment**.

***El país** concernido es México (lo digo por «mexicanos»). El documento se focaliza en lugares diferentes: los centros escolares y en la vida cotidiana. El documento se refiere a la **época actual**. Comprendo eso gracias a la fecha del documento y otros elementos.*

→ **Repère** **ce qui se passe** grâce aux verbes, aux connecteurs et aux mots de liaison (*al contrario*, *pero*, *luego*, *al final*, etc.) qui t'indiquent l'enchaînement des actions.

***Trata de** la manera de vestir de los jóvenes mexicanos. No llevan la misma ropa cuando están en casa y cuando van al colegio. En los centros escolares, los niños y los jóvenes mexicanos llevan uniforme.*

Puedo decir que los chicos y las chicas llevan una camisa de color blanco o claro. Los chicos visten pantalones, a menudo de color azul marino, y las chicas visten faldas.

Étape 3

→ Lis les **questions**. Tu peux souligner les éléments essentiels pour t'aider.

→ **Mets en relation** tous les éléments que tu as déjà repérés et construis ta réponse en vérifiant tes hypothèses.

→ Tu peux aller plus loin encore et donner les idées suivantes :

Las escuelas privadas y también las públicas requieren uniformes. En los uniformes se ven el nombre y la insignia de la escuela.

NOS CONSEILS

Commenter un support iconographique

Ce **tableau** sert à illustrer la méthode proposée.

Laura Vidra (pintora argentina), *Encuentro romántico*, 2021

Étape 1

→ Tout d'abord, il faut décrire (*describir*) en allant à l'essentiel. C'est avant tout l'analyse qui importe pour dégager (*destacar*) ce que **veut dire le document** (*el mensaje*) et **comment c'est dit** (*la intención del autor*).

→ Dans un premier temps, lis le **titre** ou la **légende** et les caractéristiques données sur l'**auteur**, son nom et sa nationalité par exemple.

> ***Observando*** *el título del cuadro, me entero de /* ***me doy cuenta de que****…*
>
> *Constato que la pintora se llama Laura Vidra y es argentina.*

→ Ensuite, fixe ton attention sur les éléments suivants :

- ***Los colores***
  utilización de colores vivos / atractivos / llamativos / oscuros / no hay colores / es un documento en blanco y negro, etc.
- ***Las líneas y formas***
  gráficas / cuadradas / redondas / rectilíneas / geométricas, etc.
- ***La impresión que se desprende***
  tranquilidad / inquietud / orden / desorden, etc.

→ Si l'œuvre est figurative, n'oublie pas de parler des personnages :

- ***Los personajes***
  ¿Quiénes son? ¿Cuántos son? ¿Qué hacen? ¿Dónde están?

> ***Veo*** *a muchos personajes: hombres, mujeres, niños, bebés, ancianos, jóvenes que están haciendo cosas diferentes.*
>
> ***Voy a describir*** *lo que están haciendo…*
>
> ***Si me fijo en*** *los colores, noto que son colores, alegres que* ***dan una impresión*** *de vida y de felicidad.*
>
> *Las formas son rectilíneas.* ***Se desprende*** *una impresión de algo muy ordenado.*

Étape 2

→ Passe ensuite à l'**analyse de l'œuvre** pour l'**interpréter** (*interpretar*) et dégager quel **message** (*el mensaje*) veut transmettre (*quiere transmitir*) l'auteur.

> *En este cuadro, todos los* ***personajes parecen*** *tranquilos, a veces activos, ocupados, y otras veces espectadores pasivos.*
>
> *Se ven las diferentes edades de la vida.*
>
> *La pintora representó también a un personaje que está ejerciendo su oficio.*
>
> *Se destaca una impresión de paz y de felicidad. Asistimos a una escena cotidiana.* ***La escena parece*** *muy realista.*

NOS CONSEILS

S'exprimer à l'oral

Cette **consigne** et la **photo** servent à illustrer la méthode proposée.

Hago la descripción física de un(a) amigo(a). Puedo añadir una foto en mi descripción.

Dans cet audio, tu peux entendre un exemple de description.

Audio
hatier-clic.fr/22lis4002

Étape 1

→ **Lis** d'abord attentivement **la consigne** pour bien comprendre ce qui t'est demandé.

Ici, il faut faire une **description physique**, donc tu devras maîtriser le **vocabulaire de la description** et savoir employer notamment les verbes *tener* et *ser*.

Y a-t-il des connaissances lexicales ou grammaticales qui te manquent ? Alors reporte-toi aux leçons de l'unité et révise.

Étape 2

À présent, il te faut construire un discours structuré. Plus ton propos sera organisé, plus il sera facile de suivre le fil de ta pensée.

→ Pour cela, utilise des **connecteurs** :
primero, luego, después, para terminar…

→ Mets tes idées en valeur et emploie des **amorces** telles que :
puedo decir (afirmar) que… / quiero añadir que… / noto que… / sé que…

→ Il te faudra parfois **argumenter et illustrer par des exemples** lors de tâches plus complexes :
lo digo / lo afirmo porque / lo veo gracias a…

***Primero** quiero presentar físicamente a mi amigo Carlos. Su pelo es…, tiene los ojos…, su tez es… Es un chico atlético, etc.*

***Puedo decir** que Carlos es de nacionalidad…*

Carlos tiene trece años y vive en… con sus padres y su hermana.

Carlos suele estar contento. En la foto vemos que está sonriendo.

Étape 3

→ Afin d'avoir un **discours fluide**, **mémorise les idées** que tu vas énoncer. Tu ne prendras pas de notes écrites sous les yeux (ce serait de la lecture). **Entraîne-toi** devant un miroir, en t'enregistrant ou en te filmant.

→ Lorsque tu réaliseras ton oral, pense à **l'intonation** et à **la prononciation**.

→ N'oublie pas de **bien regarder l'autre ou les autres** et de **parler de façon claire et distincte**. Ton attitude aussi est importante : tiens-toi debout ou assis de façon posée. Ne laisse rien sur la table devant toi pour ne pas jouer avec un stylo par exemple et évite de croiser les bras.

À toi de jouer !

¡PRACTICA!

1 Le présent de l'indicatif des verbes réguliers

Conjugue les verbes réguliers au présent de l'indicatif.

1. Yo (estudiar) ... en Madrid, pero (vivir) ... en Toledo.
2. María (preparar) ... su diploma y (aprender) ... inglés.
3. Sus padres no le (permitir) ... salir.
4. Mi hermana (desear) ... acompañarme.
5. Nosotros (estudiar) ... idiomas.
6. Mis padres (llamarse) ... Juan y Margarita.

2 Le présent de l'indicatif des verbes irréguliers

Mets les verbes irréguliers au présent de l'indicatif.

1. Yo (ir) ... a México cada año y (ver) ... a mis abuelos.
2. Yo (hacer) ... la comida.
3. Mi padre (ir) ... al mercado y (hacer) ... la compra.
4. Vosotros (ser) ... franceses y ellos (ser) ... españoles.
5. Ellos (tener) ... clase en este momento.
6. Tú (tener) ... trece años.

3 Le présent de l'indicatif des verbes à diphtongue (1)

Mets les verbes au présent de l'indicatif.

1. Yo (querer) ... verte.
2. Tú y yo (poder) ... ir al cine.
3. Vosotros (poder) ... ir al teatro.
4. Ellas (querer) ... estudiar inglés.
5. Mi abuela (contar) ... historias increíbles.
6. Vosotros (preferir) ... la comida mexicana.

4 Le présent de l'indicatif des verbes à diphtongue (2)

Conjugue les verbes au présent de l'indicatif.

1. Ella (despertarse) ... todos los días a las siete.
2. Yo (dormirse) ... fácilmente.
3. Vosotros (despertarse) ... tarde.
4. Nosotros (acostarse) ... pronto en invierno.
5. Tú nunca (perder) ... el tren.

5 Le présent de l'indicatif des verbes à affaiblissement

Conjugue les verbes à affaiblissement au présent de l'indicatif.

1. Cada semana, yo (vestir) ... mi uniforme escolar.
2. Mi hermano (vestir) ... ropa deportiva.
3. Nosotros (repetir) ... nuestra lección.
4. En el restaurante, ellos siempre (pedir) ... paella.
5. Tú me (pedir) ... mi número de teléfono.

6 La forme progressive

Utilise *estar* + gérondif.

1. Yo (charlar) ... con mi amigo.
2. Actualmente, tú (vivir) ... en Madrid con tu familia.
3. ¿Qué (desayunar) ... ella esta mañana?
4. Nosotros (leer) ... libros de aventuras.
5. Vosotros (dormir) ...
6. Los niños (jugar) ... y (reír) ... .

7 Le verbe *soler* + infinitif

Transforme les phrases suivantes pour exprimer une habitude.

1. Yo me despierto a las siete y desayuno a las siete y media.
2. Ellas van al cole en bicicleta.
3. Vosotros leéis novelas fantásticas.
4. Tú llevas tu jersey azul preferido.
5. Nosotros jugamos al fútbol los sábados.

8 *Soler* + infinitif

Traduis les phrases.

1. Les enfants ont l'habitude de jouer avec le chat.
2. J'ai l'habitude de porter un uniforme.
3. Nous avons l'habitude de manger une paella le dimanche.
4. Tu as l'habitude de voir tes amis tous les mercredis.
5. Vous avez l'habitude d'aller au cinéma le samedi.

9 Complète avec *ser* ou *estar.*

Choisis entre *ser* ou *estar* et conjugue-le.

1. Yo ... estudiante y ... en segundo de la ESO.
2. Hoy mis padres ... en Barcelona.
3. Mi madre ... rubia. Sus ojos ... azules.
4. Vosotros ... franceses y ellas ... españolas.
5. Nosotros ... alumnos.
6. Mis cuadernos ... sobre la mesa.

10 Les pronoms interrogatifs

Complète avec *quién, qué, cuánto(s), cuánta(s).*

1. ¿... es tu profesora?
2. ¿... amigos tienes?
3. ¿... hermanas tienes?
4. ¿... sueles hacer el domingo?
5. ¿... libros sueles leer?

11 Les verbes *gustar, encantar, chiflar*

Accorde les verbes.

1. Me gust... jugar al tenis.
2. Nos encant... la música.
3. Te gust... las películas de ciencia ficción.
4. Os encant... los viajes.
5. Les gust... los churros.
6. Le encant... la horchata.

12 La formule d'insistance avec *gustar* et *encantar*

Complète les éléments manquants.

1. A ..., me gust... leer libros.
2. A ellos, ... encant... las canciones latinas.
3. A ..., os gust... el español.
4. A ti, ... gust... las matemáticas.

13 *Gustar, encantar, chiflar*

Construis des phrases avec les éléments proposés.

1. Tocar guitarra/ gustar/ a nosotros.
2. Leer libros/ a mí/ encantar.
3. Los idiomas/ a ellos/ gustar.
4. Los deportes/ gustar/ a ti.
5. El fútbol / chiflar/ a vosotros.

14 *Gustar, encantar, chiflar*

Traduis les phrases suivantes.

1. Il aime aller au cinéma.
2. J'aime jouer au football.
3. Nous adorons chanter.
4. Elles aiment lire.
5. Tu raffoles des tapas.

15 Le futur des verbes réguliers

Conjugue les verbes au futur.

1. El año próximo, yo (aprender) ... un nuevo idioma.
2. La semana que viene, ellas (ir) ... a Madrid.
3. Este verano, él (ser) ... campeón de surf.
4. Mañana, (entrenarte) ... con tu entrenador.
5. Nosotros (prepararnos) ... para las próximas competiciones.

16 Le futur des verbes irréguliers

Conjugue les verbes au futur.

1. El año próximo yo (tener) ... catorce años.
2. Dentro de dos meses, él (poder) ... caminar de nuevo.
3. Los atletas (querer) ... ganar.
4. Vosotros (obtener) ... el diploma el año próximo.
5. Mañana, nosotros (saber) ... la verdad.
6. Tú (hacer) ... mucho deporte.

17 Le futur des verbes réguliers et irréguliers

Transpose les phrases au futur.

1. Ella compite a nivel nacional.
2. Yo me entreno cada día.
3. Yo sé cantar y tú aprendes a tocar la guitarra.
4. Todos podemos superarnos.
5. Vosotros os preparáis para los juegos olímpicos y queréis ganar.

18 Le subjonctif présent des verbes réguliers

Conjugue les verbes au subjonctif présent.

1. Quiero que tú y yo (disfrutar) ... del paseo.
2. Mis padres quieren que nosotros (vivir) ... cerca de ellos.
3. Te alegra que yo (aprender) ... español.
4. Su padre le ayuda para que (ganar) ... una medalla.
5. Nosotros queremos que ellos (compartir) ... buenos momentos.

19 Le subjonctif présent des verbes irréguliers

Conjugue les verbes au subjonctif présent.

1. Me gusta que nosotros (ir) ... al cine.
2. Quiero que tú y yo (ser) ... novios.
3. Nos alegra que ellas (tener) ... muchos amigos.
4. Tu padre quiere que tú (saber) ... hablar español.
5. Necesito que vosotros (ver) ... esta película.

20 L'expression du but : *para que* + subjonctif

Complète les phrases.

1. Mi entrenador me ayuda para que...
2. Su novio le escribe poemas para que...
3. Te invito a la fiesta para que...
4. Tu madre te ayuda para que...

21 L'obligation personnelle

Conjugue à la forme appropriée.

1. Tú (tener que) ... respetar la naturaleza.
2. Yo (tener que) ... comprometerme para proteger el planeta.
3. Nosotros (tener que) ... reducir las emisiones de gases.
4. Ellas (tener que) ... participar en el reciclaje.
5. Vosotros (tener que) ... limpiar la playa.
6. Él (tener que) ... plantar árboles.

22 L'obligation impersonnelle

Construis 3 phrases avec les éléments proposés en utilisant *hay que*.

proteger el planeta / salvar la tierra / reducir las emisiones de gases / evitar utilizar bolsas de plástico

23 Obligation personnelle ou obligation impersonnelle ?

Choisis l'expression de l'obligation qui convient : *tener que* ou *hay que*.

1. Nosotros ... mantener las playas limpias.
2. No ... hacer fuego en verano.
3. Vosotros ... utilizar bolsas de papel.
4. ... reducir la contaminación.
5. ... salvar las tortugas.

24 L'impératif des verbes réguliers

Conjugue les verbes à l'impératif.

1. ¡... los ríos! (tú-limpiar).
2. ¡... la tierra! (vosotros-defender).
3. ¡... para existir! (nosotros-resistir).
4. ¡... rápido! (ustedes-reaccionar).
5. ¡... productos reciclables! (usted-consumir)

25 L'impératif des verbes irréguliers

Conjugue les verbes à l'impératif. Attention aux verbes irréguliers !

1. ¡(Tener-tú) ... más cuidado con la naturaleza!
2. ¡(Hacer-tú) ... más esfuerzos!
3. ¡(Salir-tú) ... a limpiar las playas!
4. ¡(Proponer-tú) ... soluciones para salvar la tierra!
5. ¡(Venir-tú) ... a salvar las tortugas!

26 L'expression de la défense : *no* + subjonctif

Mets les verbes au subjonctif présent.

1. No (contaminar-usted) ... el río.
2. No (tirar-vosotros) ... basura al mar.
3. No (hacer-nosotros) ... fuego.
4. No (pedir-tú) ... bolsas de plástico.
5. No (ensuciar-nosotros) ... las playas.

27 Le passé composé des verbes réguliers

Conjugue les verbes au passé composé.

1. El ladrón (lograr) ... abrir la puerta.
2. La policía (encontrar) ... muchas pistas.
3. El hombre (tener) ... un comportamiento sospechoso, y la policía lo (arrestar) ...
4. Los ladrones (caer) ... en la trampa.
5. Ella no (dejar) huellas ... y el detective no (encontrar) ... nada.

28 Le passé composé des verbes irréguliers

Conjugue les verbes au passé composé.

1\. Nosotros (ver) ... a los ladrones.
2\. Tú (descubrir) ... el misterio.
3\. Vosotros (resolver) ... este enigma.
5\. Ellos no (decir) ... nada a nadie.
5\. Yo (hacer) ... de detective.

29 Le passé composé des verbes réguliers et irréguliers

Transpose les phrases au passé composé.

1. El ladrón no dice la verdad.
2. La policía no ve al ladrón.
3. Los estudiantes descubren al culpable.
4. Nosotros resolvemos el caso.
5. Yo hago la investigación.

30 L'imparfait des verbes réguliers

Mets les verbes à l'imparfait.

1. De niño, yo (tener) ... una bicicleta.
2. Todos los días, nosotros (andar) ... por el parque.
3. Mi abuela (hacer) ... la comida.
4. Mis padres (vivir) ... en Granada.
5. Tú (aprender) ... a tocar el piano, pero (preferir) ... la guitarra.

31 L'imparfait des verbes irréguliers

Conjugue les verbes à l'imparfait.

1. Cuando yo (ser) ... niño, (ir) ... a casa de mis abuelos los domingos.
2. Ella (ver) ... a su prima todos los veranos.
3. Nosotros (ir) ... a la montaña en invierno.

4. Cuando vosotras (ser) ... estudiantes, (ir) ... mucho a la biblioteca.
5. Mis padres (ver) ... ese programa de televisión.

32 L'imparfait des verbes réguliers et irréguliers

Transpose les phrases à l'imparfait.

1. Cada día, suelo pasearme.
2. Ella siempre escucha música.
3. En primavera, nosotros vamos al campo.
4. Con vuestros abuelos, vais al cine.
5. Cada verano, vas al mar y ves a tus primos.
6. Te gusta bailar y te encanta salir.

33 L'imparfait des verbes réguliers et irréguliers

Traduis les phrases suivantes.

1. Avant, nous allions à la plage.
2. Mes grands-parents regardaient la télé tous les jours.
3. Il y a longtemps, il y avait peu de voitures.
4. A cette époque, les ordinateurs n'existaient pas.
5. Ma mère nous racontait des histoires amusantes.

34 Le passé simple des verbes réguliers

Conjugue les verbes au passé simple.

1. Me (gustar) ... mucho el museo.
2. Yo (visitar) ... Bilbao con mi clase.
3. Nosotros (realizar) ... murales en el patio del instituto.
4. Mis amigas (imaginar) ... historias muy divertidas.
5. Tú (utilizar) ... madera para hacer la escultura.

35 Le passé simple des verbes *ser* et *hacer*

Mets les verbes au passé simple.

1. Yo (hacer) ... la gamba gigante de Barcelona.
2. El artista (hacer) ... obras maravillosas.
3. Vosotros (ser) ... jóvenes artistas.
4. Picasso (ser) ... un artista muy conocido.
5. Yo (ser) ... uno de los chocolateros que (hacer) ... la obra.

36 Le passé simple des verbes *querer* et *tener*

Conjugue les verbes.

1. Yo (querer) ... visitar Madrid en 2021.
2. Tú (tener) ... muchos amigos, de niño.
3. Él (querer) ... instalar a Puppy en 1997.
4. Ellos (querer) ... ser famosos.
5. Yo (tener) ... la suerte de ver ese cuadro el año pasado.

37 Le passé simple et l'imparfait

Choisis le temps qui convient.

1. El año pasado tú (visitar) ... el museo.
2. Cada verano, yo (ver) ... a mis abuelos en su pueblo.
3. Nosotros cuando (ser) ... niños, (ir) ... a Barcelona.
4. En 1989, el artista (crear) ... su obra y su historia (empezar) ....
5. El año pasado, vosotros (realizar) ... murales en México.

38 Le passé simple des verbes réguliers et irréguliers

Transpose les phrases au passé simple.

1. En 1992 participas en los juegos olímpicos.
2. El artista hace una escultura en la playa.
3. Tú ves muchas obras de arte.
4. Nosotros tenemos ideas originales.
5. El artista realiza una obra magnífica.

39 Passé composé ou passé simple ?

Choisis le temps qu'il convient.

1. Esta mañana, la policía (descubrir) ... al ladrón.
2. El año pasado, nosotros (ir) ... a Barcelona.
3. El ladrón (robar) ... el cuadro en 2012.
4. La policía (recuperar) ... el botín hoy.
5. Yo (pintar) ... el cuadro este tarde.

40 Le verbe *gustar* au passé simple

Choisis la forme appropriée.

1. Siempre me *gustó/gustaron* las esculturas de Botero.
2. Desde pequeña te *gustó/gustaron* los murales.
3. A vosotros siempre os *gustó/gustaron* diseñar obras.
4. A ellas, les *gustó/gustaron* los cuadros de Picasso.
5. A nosotros nos *gustaron/gustó* el museo.

CONJUGACIONES

HABLAR • Verbos en -AR

PRÉSENT DE L'INDICATIF	IMPÉRATIF	SUBJONCTIF PRÉSENT	FUTUR	PASSÉ COMPOSÉ	PASSÉ SIMPLE	IMPARFAIT	GÉRONDIF
hablo	∅	hable	hablaré	he hablado	hablé	hablaba	hablando
hablas	habla	hables	hablarás	has hablado	hablaste	hablabas	
habla	hable	hable	hablará	ha hablado	habló	hablaba	**PARTICIPE PASSÉ**
hablamos	hablemos	hablemos	hablaremos	hemos hablado	hablamos	hablábamos	hablado
habláis	hablad	habléis	hablaréis	habéis hablado	Hablasteis	hablabais	
hablan	hablen	hablen	hablarán	han hablado	hablaron	hablaban	

BEBER • Verbos en -ER

PRÉSENT DE L'INDICATIF	IMPÉRATIF	SUBJONCTIF PRÉSENT	FUTUR	PASSÉ COMPOSÉ	PASSÉ SIMPLE	IMPARFAIT	GÉRONDIF
bebo	∅	beba	beberé	he bebido	bebí	bebía	bebiendo
bebes	bebe	bebas	beberás	has bebido	bebiste	bebías	
bebe	beba	beba	beberá	ha bebido	bebió	bebía	**PARTICIPE PASSÉ**
bebemos	bebamos	bebamos	beberemos	hemos bebido	bebimos	bebíamos	bebido
bebéis	bebed	bebáis	beberéis	habéis bebido	bebisteis	bebíais	
beben	beban	beban	beberán	han bebido	bebieron	bebían	

VIVIR • Verbos en -IR

PRÉSENT DE L'INDICATIF	IMPÉRATIF	SUBJONCTIF PRÉSENT	FUTUR	PASSÉ COMPOSÉ	PASSÉ SIMPLE	IMPARFAIT	GÉRONDIF
vivo	∅	viva	viviré	he vivido	viví	vivía	viviendo
vives	vive	vivas	vivirás	has vivido	viviste	vivías	
vive	viva	viva	vivirá	ha vivido	vivió	vivía	**PARTICIPE PASSÉ**
vivimos	vivamos	vivamos	viviremos	hemos vivido	vivimos	vivíamos	vivido
vivís	vivid	viváis	viviréis	habéis vivido	vivisteis	vivíais	
viven	vivan	vivan	vivirán	han vivido	vivieron	vivían	

CONTAR • Verbos que diptongan o → UE

PRÉSENT DE L'INDICATIF	IMPÉRATIF	SUBJONCTIF PRÉSENT
cuento		cuente
cuentas	cuenta	cuentes
cuentes	cuente	cuente
contamos	contemos	contemos
contáis	contad	contéis
cuentan	cuenten	cuenten

PENSAR • Verbos que diptongan e → IE

PRÉSENT DE L'INDICATIF	IMPÉRATIF	SUBJONCTIF PRÉSENT
pienso		piense
piensas	piensa	pienses
piensa	piense	piense
pensamos	pensemos	pensemos
pensáis	pensad	penséis
piensan	piensen	piensen

VESTIR(SE) • e → I

PRÉSENT DE L'INDICATIF	IMPÉRATIF	SUBJONCTIF PRÉSENT	PASSÉ SIMPLE	GÉRONDIF
me visto	∅	me vista	me vestí	vistiendo
te vistes	vístete	te vistas	te vestiste	
se viste	vístase	se vista	se vistió	**PARTICIPE PASSÉ**
nos vestimos	vistámonos	nos vistamos	nos vestimos	vestido
os vestís	vestíos	os vistáis	os vestisteis	
se visten	vístanse	se vistan	se vistieron	

Verbos irregulares

	PRÉSENT DE L'INDICATIF	SUBJONCTIF PRÉSENT	FUTUR	PASSÉ SIMPLE	IMPARFAIT	PARTICIPES PASSÉS	GÉRONDIF
SER	soy, eres, es	sea, seas, sea...	seré	fui, fuiste, fue...	era		
TENER	Tengo, tienes	tenga, tengas, tenga...	tendré	tuve, tuviste, tuvo...			
ESTAR	Estoy...	esté, estés, esté...	estaré	pude, pudiste, pudo...			
HABER	he, has, ha...	haya, hayas, haya...	habré	hube, hubiste, hubo...			
QUERER	quiero	quiera, quieras, quiera...	querré	quise, quisisite, quiso...			
PODER	puedo	pueda, puedas...	podré	pude, pudiste, pudo...			pudiendo
DECIR	digo, dices...	diga, digas, diga...	diré	dije, dijiste, dijo...		dicho	diciendo
HACER	hago, haces...	haga, hagas, haga...	haré	hice, hiciste, hizo...	iba	hecho	
IR	voy, vas, va	vaya, vayas, vaya...	iré	fui, fuiste, fue...			yendo
PONER	pongo	ponga, pongas, ponga...	pondré	puse, pusiste, puso...		puesto	
SALIR	salgo	salga, salgas, salga...	saldré	salí			
SABER	sé	sepa, sepas, sepa...	sabré	supe, supiste, supo...			
VER	veo, ves	vea, veas, vea...	veré	vi	veía	visto	
VENIR	vengo, vienes	venga, vengas, venga...	vendré	vine, viniste, vino...			viniendo

La fiesta de las FLORES

¿Una fiesta moderna o tradicional?

Todos los años, los primeros días de agosto, la ciudad de Medellín se llena de flores para celebrar la fiesta más tradicional de Colombia.

Una silleta con un mensaje: *Fierté d'être « silletero ». Héritage de mes grands-parents*

A FLORES Y ALEGRÍA

La Feria de las Flores constituye el evento[1] más importante de Medellín. […] La feria dura 10 días y forma parte del patrimonio cultural colombiano. El desfile de silleteros[2], el acto central de la feria, se originó en 1957. […]
Las silletas son piezas de madera que sirven para llevar a cuestas[3] grandes cantidades de flores. Su origen se remonta a la época de la Colonia donde eran empleadas para cargar personas por las montañas de la región.
A principios del siglo XX, este elemento le fue útil a los campesinos[4] para llevar flores desde los pueblos de Antioquia hasta Medellín y así comercializarlas. Ahora […] el desfile es la representación de las tradiciones de la región.

colombia.co/visita-colombia

1. *l'événement* 2. *les porteurs de chaises*
3. *porter sur le dos* 4. *les paysans*

TALLERES

Vidéo hatier-clic.fr/22lis4901

¡Fabrica en clase tu propia silleta con flores de verdad o de papel!

Vista del desfile de silleteros.

Una joven colombiana participando en el desfile.

Vidéo hatier-clic.fr/22lis4902

B

Medellín celebra la Fiesta de las Flores

Vidéo hatier-clic.fr/22lis4903

C

Celebra la vida

Escucha y canta el estribillo de la canción con ayuda de esta versión karaoke.

PREGUNTAS

1 Completa y contesta las preguntas.

a. ¿Dónde tiene lugar la Feria de las Flores? ¿En qué momento del año?
b. ¿Cuánto dura la Feria? ¿Ocho, diez o quince días?
c. ¿Cómo se llaman las personas que llevan las flores en su espalda?
d. Completa el estribillo de la canción: «Medellín, tierra de...»

2 ¿Verdadero o falso? Si es falso, corrige.

a. Colombia es el segundo exportador de flores en el mundo.
b. La primera versión de la Feria apareció en 1955.
c. En el desfile, existen dos categorías de silletas.
d. Las silletas son piezas de madera.
e. El momento más importante de la Feria es el concurso.

Las Fallas de Valencia

¿Creadas para ser quemadas?

FIESTAS DE FUEGO Y PÓLVORA

«Las Fallas», una fiesta en la que los valencianos abren sus puertas a todo el mundo, son en honor a San José, patrón de los carpinteros[1]. Durante unos días, plantamos unos muñecos en las calles, hechos de cartón, madera y pintados de bonitos colores. Las falleras y falleros nos vestimos con el traje regional para pasearnos por nuestras calles, junto a la banda de música. Nuestra fiesta está hecha de fuego y pólvora[2]. Todo se acaba el día 19 de marzo por la noche cuando quemamos[3] los monumentos. Pero el día 20, ya estamos pensando en cómo empezar de nuevo! [...] ¡Os invito a uniros a nuestra fiesta!

falles.mforos.com (testimonio de una fallera)

1. *saint patron des charpentiers* 2. *feu et poudre* 3. *nous brûlons*

Valencia está en Fallas

Vidéo hatier-clic.fr/22lis4904

TALLERES

Vidéo hatier-clic.fr/22lis4905

¡Crea tu *mascletá* decorativa!

Las *Mascletás* son un espectáculo pirotécnico impresionante: siete minutos de explosiones de pólvora.

En la ***Plantá***, se montan en las calles las **fallas** (grandes instalaciones de madera y cartón pintadas de llamativos colores) con sus ***ninots*** (las figuras que las componen). Los artesanos falleros trabajan en ellas durante todo el año.

Es típico comer la famosa **paella valenciana** y la **horchata** con **fartons**. También chocolate con churros.

La Cremá: Todas las fallas (menos un *ninot* que se salva por votación popular) se queman la noche del 19 de marzo. Es el final de las fiestas.

PREGUNTAS

1 Completa y contesta las preguntas.

- **a.** Las Fallas se celebran el mes de ... en la ciudad de ...
- **b.** ¿Dónde se montan las fallas? ¿En los parques? ¿En las calles?
- **c.** ¿Qué es una falla? ¿Y un *ninot*?
- **d.** ¿En qué espectáculo de las Fallas se utiliza la pólvora?

2 ¿Verdadero o falso? Si es falso, corrige.

- **a.** Durante las Fallas, muchos valencianos se visten con el traje regional.
- **b.** Los artesanos falleros trabajan en la elaboración de las fallas durante seis meses.
- **c.** El último día, en la *Cremá*, se queman todos los *ninots*.
- **d.** En las Fallas es típico tomar paella con chocolate y horchata con fartons.

ADELA
PELUQUERÍA
¡Hola!
SOCIABLE
SIMPÁTICO
LAS GAFAS
TÍMIDO
LA COLA DE CABALLO
ESCUCHAR MÚSICA
JUGAR A UN VIDEOJUEGO
LEER UN CÓMIC
UNA REVISTA DE MODA
EL FLEQUILLO
CHARLATANA
EL PELO CORTO
LAS OREJAS
IMPACIENTE
RUBIO
LA BARBA Y EL BIGOTE
EL PELO RIZADO
CASTAÑA
LA NARIZ
EL PELO LISO
MORENO
DELGADA ≠ GORDA
ALTA ≠ BAJA
PELIRROJA
LOS OJOS AZULES
LA BOCA

LA CASA
EL ÁRBOL
HACER DEPORTE
EL PARQUE
PASEAR AL PERRO
LA PANADERÍA
FARMACIA
LA FARMACIA
PELUQUERÍA
LA PELUQUERÍA
LA CALLE
COMER
COMPRAR EL PAN
SUPERMERCADO
IR AL SUPERMERCADO
HABLAR POR TELÉFONO
LA PLAZA
LA FUENTE
COLEGIO
CORREOS
CRUZAR LA CALLE
UN BANCO
CARNICERÍA
COGER EL AUTOBÚS
EL EDIFICIO
TU ROPA
LA TIENDA DE ROPA
PARADA DE AUTOBÚS
PASEAR
LEVANTARSE
DUCHARSE
LEER
LAVARSE LOS DIENTES
LA VENTANA

Table des illustrations

4-h ph © Thomas Pajot / Adobe Stock • **5-h** ph © zuperia / Shutterstock • **5-mg** ph © Hans-Peter Merten / The Image Bank / Getty Images • **5-md** ph © Ihor_Tailwind / iStock / Getty Images Plus • **6-h** © Nerina Canzi • **6-b** © Laura Vidra • **7-h1** ph © by Ruhey / Getty Images • **7-h2** © Portada de *El Pais Semanal* del 29/01/2022 / ph © Enrique Escandell • **7-b** ph © Netflix / BBQ_DFY / Aurimages • **8-h** Maritza Morales Casanova (Premio Jóvenes laureados de los Rolex Award for Entreprise en 2012) en Nuevo Tesoco, Mexico. ph © Rolex / François Schaer • **8-bg1** ph © bennymarty / iStock / Getty Images Plus • **8-bg2** ph © Bulat Silvia / iStock / Getty Images Plus • **8-bg3** ph © mgstudyo / iStock / Getty Images Plus • **8-bd** ph © Hans-Peter Merten / The Image Bank / Getty Images • **9-h1** ph © Juan Naharro Gimenez / Getty Images • **9-h2** ph © Carlos Alvarez / Getty Images / AFP • **9-b** Mural en la fachada del Bar Liguria en Barrio Lastarria, realizado por los artistas urbanos: @caiozzama, @faya_ec, @henruz, @seco_sanchez, @fabciraolo, @anis88_cl, @almeyv y @conilars / ph © Javiera Marambio Hofer, Panorama Urbano • **10** Mestizaje InvestigAmigos, 2018, © CNTV- Consejo Nacional de Televisión • **10-11** © Nerina Canzi • **12-h** 50 cosas sobre mi © Daniel Illescas • **12-b** Soy Sophía (Ecuador) - Ventanas al Mundo, Canal IPe © Instituto Nacional de Radio y Televisión del Perú, D.R. • **13-h** © RISAS Y SONRISAS, L.L.C. / Spanishforkids.com • **13-b** © BFBR • **15** ph © FatCamera / E+ / Getty Images / © APUNCA (Asociación del Personal de la UNCa, Universidad nacional de Catamarca) • **16** ph © zuperia / Shutterstock • **17** ph © Prostock-Studio / iStock / Getty Images Plus • **18** ph © bazzier - stock.adobe.com • **19** ph © kali9 / iStock / Getty Images Plus • **22-h** ph © Salmonnegro-Stock / Shutterstock • **22-bg1** ph © ferrantraite / E+ / Getty Images • **22-bg2** ph © Yellow Dog Productions / Photodisc / Getty Images • **22-bd** © Sergio Palao (autor) / ARASAAC - Gobierno de Aragón, 2022 / Licencia Creative Commons BY-NC-SA. • **23-h** ph © monkeybusinessimages / iStock / Getty Images Plus • **23-m** ph © omgimages / iStock / Getty Images Plus • **23-b** © Angie Vanessa Cárdenas Roa • **24** Cómo soy - Mi rutina diaria © clasesidiomas, D.R. • **24-25** © Laura Vidra • **26-h** Un día en la vida de una estrella © revistavanityfair.es © 2022 Condé Nast, D.R. • **26-b** Cómo ENTENDER a los ESPAÑOLES: 15 CHOQUES CULTURALES en España, Erre que ELE © Errequeele.com • **27** © LINIERS • **28** © los40.com / D.R. • **29-hg** ph © Rene Stevens - www.renestevens.com.ar – stock.adobe.com • **29-hd** ph © A.J.D. Foto Ltd. / Alamy Stock Photo • **29-bg** ph © Monkey Business Images / Shutterstock • **29-bd** ph © Andrea Sabbadini / Alamy Stock Photo • **30-h** ph © zuperia / Shutterstock • **30-m** ph © ae - stock.adobe.com • **30-b** ph © zuperia / Shutterstock • **31-h** ph © Annykos / iStock / Getty Images Plus • **31-m** ph © Feverpitched / iStock / Getty Images Plus • **31-b** ph © Ana - stock.adobe.com • **32-A** ph © Hispanolistic / iStock / Getty Images Plus • **32-B1** ph © RubberBall / Alamy Stock Photo • **32-B2** ph © Kornienko Alexandr – stock.adobe.com • **32-C** ph © AaronAmat / iStock / Getty Images Plus • **32-D** ph © Deklofenak / iStock / Getty Images Plus • **32-E** ph © Alfonso Sangiao / iStock / Getty Images Plus • **32-F** ph © fatesun / iStock / Getty Images Plus • **32-G** ph © Image Source / iStock / Getty Images Plus • **32-H** ph © gbh007 / iStock / Getty Images Plus • **36-h** ph © Luis Molinero / Shutterstock • **36-b** © Diana Antoli / Ayto de Zaragoza • **37-h** ph © Aleksandar Nakic / E+ / Getty Images • **37-b** ph © studiolaska / Alamy Stock Photo • **38** ¿QUÉ TIENEN EN COMÚN TODOS TUS ALUMNOS?, Tienen talento, Despiertasupotencial.com © Santillana Latinoamérica, D.R. • **38-39** ph © by Ruhey / Getty Images • **38** © Portada de *El Pais Semanal* del 29/01/2022 / ph © Enrique Escandell • **40** Sagrario y Sergio, Historias del Talento, Despiertasupotencial.com © Santillana Latinoamérica, D.R. • **41-h** Nina. Diario de una adolescente © 2013, Agustina Guerrero Llorens Licencia editorial otorgada por Penguin Random House Grupo Editorial, S.A.U. • **41-b** ph © Carlos Alvarez / Getty Images via AFP • **42-h** ph © Pablo Jimenez / ISA • **42-b** ph © Sebastiao Moreira / EFE / Newscom / MaxPPP • **43-h** ph © Castelao Pictures / Filmax / BBQ_DFY / Aurimages • **43-b** © «Teresa Perales Cómics», Fundación Telefónica, 2016. © Purita Campos • **44-h** ph © Westend61 / Getty Images • **44-b1** ph © BNMK0819 – stock.adobe.com • **44-b2** ph © Chabraszewski – stock.adobe.com • **44-b3** ph © michaeljung – stock.adobe.com • **48-h** «Héroes, el documental sobre parkour» 06/08/2020, © RTVE, © Corporación de Radio y Televisión Española 2022 • **48-bg** ph © GagliardiPhotography / Shutterstock • **48-bd** Unidos por una pasión: Deportes confirmados Juegos Panamericanos y Parapanamericanos © Santiago 2023, D.R. • **49-h** © Asociación de Peñas de Navalmoral de la Mata • **49-b** ph © FatCamera / E+ / Getty Images • **50** ph © Netflix / BBQ_DFY / Aurimages • **50-51** ph © Netflix / BBQ_DFY / Aurimages • **52-h** © Día del amor y de la amistad, UDLAP, D.R. • **52-b** ph © Dorothy Alexander / Alamy Stock Photo • **53-h** Gaturro © 2021 Cristian G. Dzwonik (Nik) © 2022 by Ediciones de la Flor S.R.L. www.edicionesdelaflor.com.ar • **53-b** © Roser Calafell • **55-h** "Miradas que hablan" © Marc Vallido • **55-b** © Diseño: Juliana Andrea Ladino Lozano / Municipio de Tuluá (Colombia) • **60-h** "Vivo" de Kirk De Micco, Brandon Jeffords © Netflix • **60-bg** Mi mejor Amigo, Martín Deus © EPICENTRE FILMS • **60-bd** ph © Ngvozdeva / iStock / Getty Images Plus • **61-h** ph © Danier Ortuño Pérez • **61-b** ph © RicardoImagen / E+ / Getty Images • **62** Ainbo, la guerrera del Amazonas © Le Pacte, 2021 • **62-63** Maritza Morales Casanova (Premio Jóvenes laureados de los Rolex Award for Entreprise en 2012) en Nuevo Tesoco, Mexico / ph © Rolex / François Schaer • **64-h** Únete al círculo, © ONCE, D.R. • **64-b** © Paco Roca, Puro Perú, 2019 © Astiberri Ediciones • **65-h** © Mikandina • **65-b** © UNEP (2021) • **66-h** ph © Dan Abbott & Oriol Torres / Fundación Palma Aquarium • **66-b** © Anastasiya Pavlova / D.R. • **67-hg** ph © Diario de Almería • **67-hm** ph © Album / Alamy Stock Photo • **67-hd** © Foto de la campaña «La Mar Empieza Aquí» (Gijón, Asturias, España, 2019) © EMULSA Medioambiente • **67-m** ph © Sembrando El Futuro (2019) • **72-h** Campaña nacional de prevención de incendios forestales 2019-2020 © Ministerio de Agricultura, Chile. CONAF • **72-bg** © Francisco Maldonado • **72-bd** ph © D.R. • **73-h** ph © Atzwars Studios / BBQ_DFY / Aurimages • **73-b** © Gerencia Regional de Recursos Naturales y Gestión del Medio Ambiente del Gobierno Regional de Lima, Perú / D.R. • **74-m** ph © Hans-Peter Merten / The Image Bank / Getty Images • **74-b** El detective ecológico - Encuentra al delincuente medioambiental - ¿Cómo cuidar el medio ambiente? © Smile and Learn Digital Creations copyright • **74-75** ph © bennymarty / iStock / Getty Images Plus • **75-g** ph © Bulat Silvia / iStock / Getty Images Plus • **75-d** ph © mgstudyo / iStock / Getty Images Plus • **76-h** Pequeños detectives en acción, Aragon en abierto © Televisión Autonómica de Aragón, www.aragontelevision.es • **76-b** ¿Quién ha sido? 101 casos (extraordinarios) para resolver en 5 minutos © 2015, Adosaguas contenidos Multiplataforma. Licencia editorial otorgada por Penguin Random House Grupo Editorial, S.A.U. • **77-m** ph © Galerie Nationale, Athènes – ALEXANDROS SOUTZSOS MUSEUM – EVRIPIDIS KOUTLIDIS FOUNDATION / © Succession Picasso 2022 • **77-b** ph © Bettmann / Getty Images • **80-81** ph © Hans-Peter Merten / The Image Bank / Getty Images • **80-m** ph © Policía Nacional, España • **81-m** © Cristina Gambaccini • **81-b1** ph © ONYXprj - stock.adobe.com • **81-b2** ph © Hanna_zasimova - stock.adobe.com • **81-b3** ph © Onidji - stock.adobe.com • **81-b4** ph © MclittleStock - stock.adobe.com • **81-b5** ph © Unclesam - stock.adobe.com • **82** ph © Adam Woolfitt - www.agefotostock.com • **83-hg** © Cristina Gambaccini • **83-hd** ph © fotografiecor / Adobe Stock • **83-mg** ph © schab - stock.adobe.com • **83-md** ph © gmm2000 - stock.adobe.com • **83-bg** ph © EunikaSopotnicka / iStock / Getty Images Plus • **84-h** © Cristina Gambaccini • **84-mg** ph © Valeria Solovyova - stock.adobe.com • **84-md** ph © mrks_v – stock.adobe.com • **85-h** ph © Le Velling - stock.adobe.com • **85-b** ph © schab - stock.adobe.com • **86** Serie La valla, Capítulo 1 (ambientado en Madrid, año 2045): Otro mundo, 2020 © Atresmedia • **86-87** ph © Juan Naharro Gimenez / Getty Images • **87** ph © Carlos Alvarez / Getty Images / AFP • **88** "Lo que creíamos cuando éramos niños" © Casa Editorial EL TIEMPO, 2017, D.R. • **89** © Santy Gutiérrez • **90** © Hispavox, S.A., Madrid, España, 1996 / D.R. • **91** © Paco Roca, La casa, 2015. © Astiberri Ediciones • **96-hg** ph © Carlos R. Alvarez / WireImage / Getty Images • **96-hd** Portada de "Dieciocho" de Dani Martin / © 2021, Sony Music Entertainment España, S.L. Reservados todos los derechos • **96-bg** ph © Dominique Berretty / Gamma-Rapho / Getty Images • **96-bd** Gaturro © 2021 Cristian G. Dzwonik (Nik) © 2022 by Ediciones de la Flor S.R.L. www.edicionesdelaflor.com.ar • **97-h** ph © Kikor / Getty Images • **97-b1** ph © SNeG17 / Shutterstock • **97-b2** ph © Franck Guiziou / hemis.fr • **98-h** ph © Ihor_Tailwind / iStock / Getty Images Plus • **98-b** Arte urbano en las señales de tráfico de algunos barrios de Madrid, Telemadrid, 28 de julio de 2021 © Telemadrid • **98-99** Mural en la fachada del Bar Liguria en Barrio Lastarria, realizado por los artistas urbanos: @caiozzama, @faya_ec, @henruz, @seco_sanchez, @fabciraolo, @anis88_cl, @almeyv y @conilars / ph © Javiera Marambio Hofer, Panorama Urbano • **100-h** ph © Roman Belogorodov / Alamy Stock Photo / © Adagp, Paris, 2022 • **100-b** ph © Felix González / agefotostock / Alamy Stock Photo / © Jeff Koons • **101-h** ph © José Alejandro Adamuz / © Fernando Botero • **101-b** ph © Iván Franco / EFE via MaxPPP / © Adagp, Paris, 2022 • **102-g** «Aguila», mural para el Bloop festival, Ibiza, 2019 © SPAIK • **102-d** ph © Marica van der Meer / Arterra / Universal Images Group via Getty Images /© 2022 Banco de México Diego Rivera Frida Kahlo Museums Trust, Mexico, D.F. / Adagp, Paris • **103-h** ph © Vincent West / Reuters • **103-b** ph © Archivo Fotográfico Museo Nacional Centro de Arte Reina Sofía / © Succession Picasso 2022 • **108-h** Mi vida, mi lienzo, Paula Victoria, © TEDxUniversidad Teleton • **108-bg** © Farid Rueda (Mural en Costa Rica) • **108-bm** ph © Universal History Archive / UIG / akg-images • **108-bg1** ph © r.nagy / Shutterstock • **108-bg2** ph © Veniamin Kraskov / Shutterstock • **109** ph © ismel leal pichs / Shutterstock • **110-111** ph © Ihor_Tailwind / iStock / Getty Images Plus • **Jeu-1** © Laura Vidra • **Jeu-3** ph © Hans-Peter Merten / The Image Bank / Getty Images • **Jeu-4** ph © Veniamin Kraskov / Shutterstock • **Jeu-5** ph © Policía Nacional, España • **Jeu-6** «Aguila», mural para el Bloop festival, Ibiza, 2019 © SPAIK • **Jeu-7** ph © Ana – stock.adobe.com • **Jeu-8** ph © Bettmann / Getty Images • **Jeu-9** ph © Iván Franco / EFE via MaxPPP / © Adagp, Paris, 2022 • **Jeu-10** ph © José Alejandro Adamuz / © Fernando Botero • **Jeu-11** ph © Helena GH / iStock / © *Fantasia Veneciana*, Pere Baenas, 2021 • **Jeu-12** ph © EunikaSopotnicka / iStock / Getty Images Plus • **Jeu-13** ph © Galerie Nationale, Athènes – ALEXANDROS SOUTZSOS MUSEUM – EVRIPIDIS KOUTLIDIS FOUNDATION / © Succession Picasso 2022 • **Jeu-14** © Farid Rueda • **Jeu-15** ph © Universal History Archive / UIG / akg-images • **Jeu-16** ph © camaralucida1 – stock.adobe.com • **Jeu-17** ph © Archivo Fotográfico Museo Nacional Centro de Arte Reina Sofía / © Succession Picasso 2022 • **Jeu-18** ph © denira – stock.adobe.com • **Jeu-19** ph © Roman Belogorodov / Alamy Stock Photo / © Adagp, Paris, 2022 • **Jeu-20** ph © James O'Sullivan / Alamy Stock Photo • **Jeu-21** © Nerina Canzi • **Jeu-22** ph © r.nagy / Shutterstock • **Jeu-24** ph © Felix González / agefotostock / Alamy Stock Photo / © Jeff Koons • **112** 50 cosas sobre mi © Daniel Illescas • **114** © Laura Vidra • **115** ph © Asier / Adobe Stock • **122-h, m** ph © Oscar Garces / Shutterstock • **122-b** ph © Luis Eduardo Noriega / EFE / Newscom / MaxPPP • **123-hg** ph © camaralucida1 – stock.adobe.com • **123-hd** ph © Orchid photho / Shutterstock • **123-mg** ph © Luis Eduardo Noriega / EFE / Newscom / MaxPPP • **123-md** Video oficial de la Feria de las Flores 2021 - Versión karaoke © Alcaldía de Medellín • **123-b** ph © PenWin / iStock / Getty Images Plus • **124-g** ph © Martin Leitch / Alamy Stock Photo • **124-md** Valencia está en Fallas © Regalaunhit • **124-bd** ph © lunamarina -stock.adobe.com • **125-hg** ph © Helena GH / iStock / © *Fantasia Veneciana*, Pere Baenas, 2021 • **125-hd** ph © Guillermo Gutierrez / SOPA Images / LightRocket via Getty Images / © Paradeta de flors nº14, 'Cap de Suro', 2019 • **125-mg** ph © denira – stock.adobe.com • **125-mm** ph © James O'Sullivan / Alamy Stock Photo • **125-md** ph © Heino Kalis / Reuters • **125-b** ph © Ngvozdeva / iStock / Getty Images Plus

DR : Malgré nos efforts, il nous a été impossible de joindre certains auteurs ou leurs ayants-droit pour solliciter l'autorisation de reproduction, nous avons réservé en notre comptabilité les droits usuels

Iconographie : Véronique Foz

Table des textes

p. 14 : Inma Rubiales, *Cántame al oído*, © 2021 Inma Rubiales • **p. 14** : Cecilia Curbelo, *Las dos caras de Sofia* © 2012, Cecilia Curbelo • **p. 15** : Inmaculada Díaz, *Amigos de colores*, D.R. • **p. 22** : Susana Rubio, *La elección de Alexia*, © 2019, Susana Rubio Girona © 2019, 2021, Penguin Random House Grupo Editorial • p. 28 : *¿Qué tipos de ropa utilizan los mexicanos?*, Nina Makofsky, 20/11/2021 © ehowenespanol.com • **p. 36** : *Curiosidades: ¿Sabes cómo es el desayuno tradicional de Perú?*, Patricia Sánchez 30/10/2019 © INTERMUNDIAL XXI • **p. 42** : La surfista ciega Carmen López: «No hay nada imposible, las barreras te las vas a poner tú», 19/04/2019 © Europa Press • **p. 42** : Julia Benedetti, la única skater española en los Juegos Olímpicos de Tokio: «Mis padres me dicen que tenga cuidado», de Nuria Briongos, 13.07.2021, Antena 3 © Atresmedia • **p. 44** : La roja baila / himno oficial de la selección española © Warner Music Spain, D.R. • **p. 48** : Inma Rubiales, *Cántame al oído*, © 2021 Inma Rubiales • **p. 54** : *El árbol de la tristeza*, Eduardo García Cabestreros © Caligrama Editorial • **p. 54** : Cecilia Curbelo, *Las dos caras de Sofia* © 2012, Cecilia Curbelo • **p. 56** : Canción para el día del amigo - Copadísimos © CoPa Dísimos • **p. 66** : Ana Alonso, *Mares de plástico*, 2020 © Anaya, D.R. • **p. 68** : Yanett Mora, *El árbol del parque* © Obras Cortas 2022 • **p. 72** : Isabel Jiménez, *Y tú ¿qué harías para salvar el planeta?*, © Aguilar Editorial • **p. 77** : Un griego roba un cuadro de Picasso «por amor al arte» 29 Junio 2021 © EFE • **p. 77** : La policía griega encuentra en Atenas un cuadro de Picasso robado hace nueve años, 9 junio 2021 © EFE • **p. 90** : Cristina Campo García, «Lolo Rico, la niña que soñó con una bola de cristal», 2019 © nomecuentescuentos.com • **p. 92** : Ignasi García Barba, *El chip experimental*, 2017 © Anaya • **p. 96** : Julio Llamazares, *Las lágrimas de San Lorenzo*, 2013. (Adaptado) © Alfaguara • **p. 102** : Spaik: Arte mexicano que sobre muros domina el mundo, Mauro Marines, 6 junio 2018 © Vanguardia • **p. 108** : Damián plasma la libertad en murales, Nancy Álvarez, 4 de septiembre de 2019 © El Sol de Hermosillo • **p. 122** : Feria de las Flores de Medellín: todo un desfile de tradición © www.colombia.co

Achevé d'imprimer en Espagne par Macrolibros - Dépôt légal : 08578-7/01 - Avril 2022

AMÉRICA LATINA

En clase de español

ESPAÑA

Mar Cantábrico
FRANCIA
ANDORRA
PORTUGAL
MARRUECOS
OCÉANO ATLÁNTICO
Mar Mediterráneo
Mar Mediterráneo
La Coruña
Santiago de Compostela
Pontevedra
Lugo
Orense
Miño
Oviedo
Picos de Europa 2 648 m
Santander
San Sebastián
Bilbao
Vitoria
Pamplona
Pico de Aneto 3 404 m
Cordillera Cantábrica
Montes de León
León
Meseta Septentrional
Burgos
Logroño
PIRINEOS
Huesca
Gerona
Palencia
Soria
Ebro
Zaragoza
Lérida
Barcelona
Zamora
Duero
Valladolid
Sistema Ibérico
Tarragona
Salamanca
Segovia
Ávila
Sistema Central
Guadalajara
Serranía de Cuenca
Teruel
Madrid
ISLAS BALEARES
Menorca
Castellón de la Plana
Cuenca
Tajo
Toledo
Cáceres
Sierra de Guadalupe
Montes de Toledo
Valencia
Palma de Mallorca
Mallorca
Cabrera
Ibiza
Formentera
Guadiana
Júcar
Badajoz
Mérida
Ciudad Real
Albacete
Sierra Morena
Meseta Meridional
Sierra de Segura
Murcia
Segura
Alicante
Guadalquivir
Córdoba
Jaén
Huelva
Sevilla
Sistemas Béticos
Granada
Mulhacén 3 478 m
Cádiz
Málaga
Almería
Gibraltar (R. U.)
Ceuta (Esp.)
Melilla (Esp.)
OCÉANO ATLÁNTICO
ISLAS CANARIAS
La Palma
Lanzarote
Santa Cruz de Tenerife
Tenerife
Fuerteventura
La Gomera
Pico del Teide 3 718 m
Las Palmas de Gran Canaria
El Hierro
Gran Canaria
50 km
100 km
2 000 m
1 500 m
1 000 m
500 m
0

Mar Cantábrico
FRANCIA
ANDORRA
PORTUGAL
MARRUECOS
ARGELIA
OCÉANO ATLÁNTICO
Mar Mediterráneo
Mar Mediterráneo
La Coruña
Santiago de Compostela
Lugo
GALICIA
Pontevedra
Orense
Oviedo
ASTURIAS
Santander
CANTABRIA
PAÍS VASCO
San Sebastián
Bilbao
Vitoria
Pamplona
NAVARRA
León
Burgos
Logroño
LA RIOJA
Huesca
CATALUÑA
Gerona
Palencia
CASTILLA-LEÓN
Soria
Zaragoza
Lérida
Barcelona
Zamora
Valladolid
ARAGÓN
Tarragona
Salamanca
Segovia
Ávila
Guadalajara
COMUNIDAD DE MADRID
Madrid
Teruel
Menorca
Castellón de la Plana
Toledo
Cuenca
Cáceres
CASTILLA-LA MANCHA
Valencia
Palma de Mallorca
Mallorca
ISLAS BALEARES
Cabrera
Ibiza
Formentera
EXTREMADURA
COMUNIDAD VALENCIANA
Badajoz
Mérida
Albacete
Ciudad Real
Alicante
Córdoba
Jaén
Murcia
REGIÓN DE MURCIA
Huelva
Sevilla
ANDALUCÍA
Granada
Almería
Málaga
Cádiz
Gibraltar (R. U.)
Ceuta (Esp.)
Melilla (Esp.)
OCÉANO ATLÁNTICO
ISLAS CANARIAS
La Palma
Lanzarote
Santa Cruz de Tenerife
Fuerteventura
Las Palmas de Gran Canaria
La Gomera
Tenerife
El Hierro
Gran Canaria
50 km
100 km
Capital de autonomía
Capital de provincia
Límite de autonomía